「世界一キツい」から筋肉がデカくなる!

山本式3/《スラッシュ》7《セブン》法

山本義徳
Yoshinori Yamamoto

永岡書店

バルクアップの常識を覆す限界突破メソッド

それが、山本式3／7法。

筋トレをすれば筋肉は大きくなる。
しかし、同時に分解も起きる。
筋肉を合成する速さが、分解の速さを上回らなければ、
バルクアップは実現しない。

筋肉を最速でデカくするということは、
この細胞レベルの限界を超えるということ。
そんなことが可能なのか。
生き物は生まれてきて、やがて死ぬ。
同様、筋肉が合成と分解を繰り返すのは人体メカニズムの
なせるわざであり、いわば自然の摂理。

そんな「筋肉の常識」に抗うべく生まれたトレーニングが
「**山本式3／7（スリースラッシュセブン）法**」。

バルクアップに効果的なストレスを筋肉に与えることで、
筋タンパクの合成を促し、同時に分解の力を抑制。
その結果、通常の筋トレよりも
高効率なバルクアップを実現する。

本書では、この「山本式3／7法」とそのオリジナルである
「3／7法」の理論およびトレーニング方法について解説した。
「筋肉は1日にしてならず」。
だからこそ、筋肉をデカくする効率的な考え方、
方法論などは覚えておいて損はない。
そして後半では、バルクアップのためのチャージ法、
休み方、理想の体型を実現するプログラムの
考え方なども紹介している。

ただの筋トレでは満足できない人のための
限界突破メソッド。
筋トレの効果を感じられずにいる人、
ワンランク上のトレーニングに
挑みたいと思っている人は、
その圧倒的なキツさを、ぜひ体感してほしい。

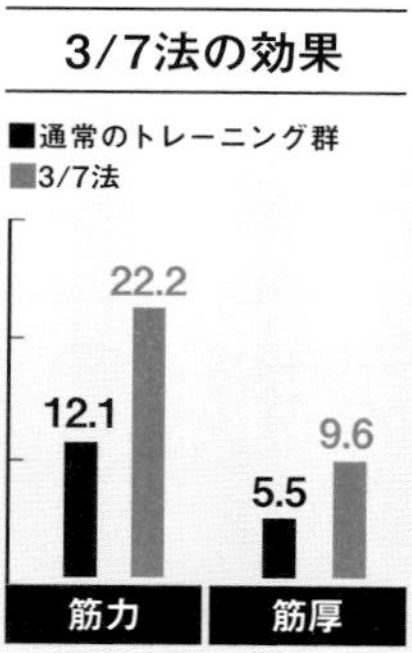
3/7法の効果
通常のトレーニング群
3/7法
平均向上値(%)
12.1
22.2
5.5
9.6
筋力
筋厚

ブリュッセル自由大学での研究において、週2回、12週間にわたって上腕二頭筋のトレーニングを行わせた結果。通常のトレーニング群とオリジナルの3/7法とで、筋力と筋厚の平均向上値に2倍近い差が出た。（14ページで解説）

デカくする？

もできる自重トレか、高負荷＆効率性重視の器具トレか？
種目をチョイスし、挑戦しよう！

FRONT

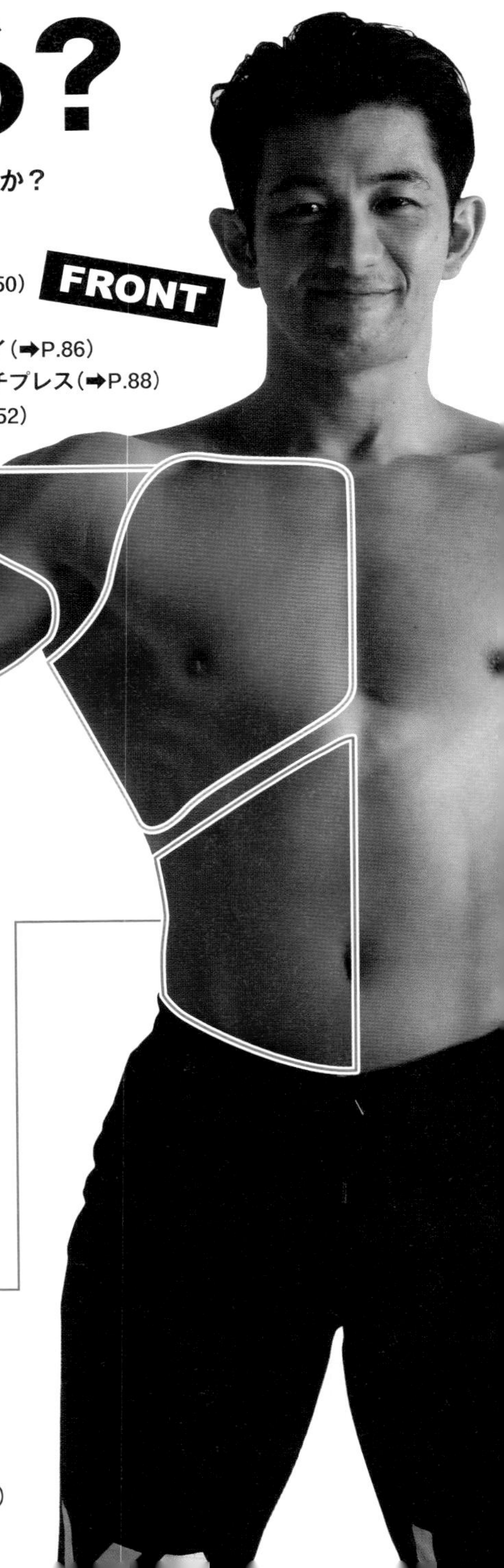

胸

全体 [自重]ワイド・プッシュアップ（➡P.50）
輪郭 [器具]ダンベルフライ（➡P.84）
上部 [器具]インクライン・ダンベルフライ（➡P.86）
[器具]インクライン・ダンベルベンチプレス（➡P.88）
内側 [自重]ナロー・プッシュアップ（➡P.52）

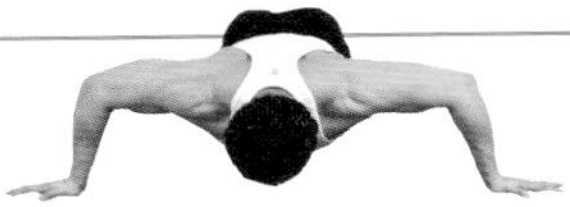

腕

上腕三頭筋 [自重]ナロー・プッシュアップ（➡P.62）
[器具]ダンベルトライセップス・エクステンション（➡P.106）
上腕二頭筋 [自重]テーブル・カール（➡P.64）
[器具]インクライン・ダンベルカール（➡P.108）
上腕筋、腕橈骨筋 [器具]ダンベルハンマーカール（➡P.110）

腹

全体 [器具]アブローラー（➡P.78）
[器具]ボールクランチ（➡P.80）
上部 [自重]クランチ（➡P.46）
下部 [自重]リバースクランチ（➡P.48）
[器具]インクライン・リバースクランチ（➡P.82）

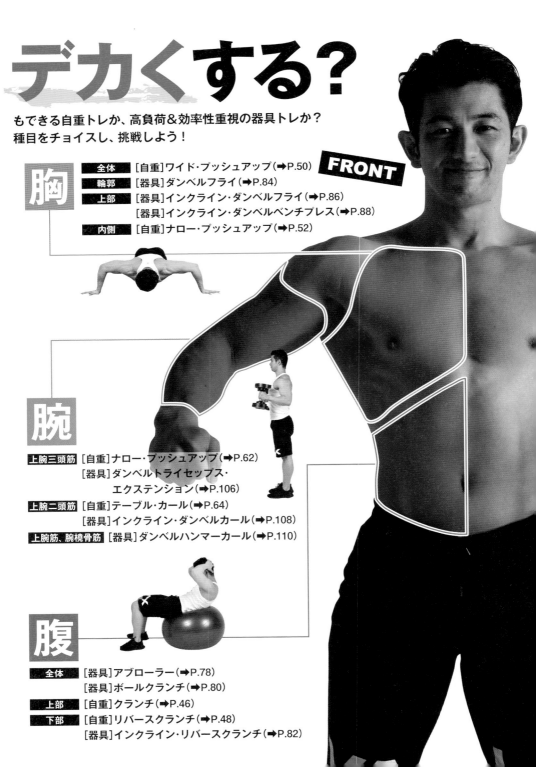

目的別ショートカット

どの筋肉を

本書で紹介する山本式3/7法の種目の一覧表。どこでデカくしたいカラダの部位から

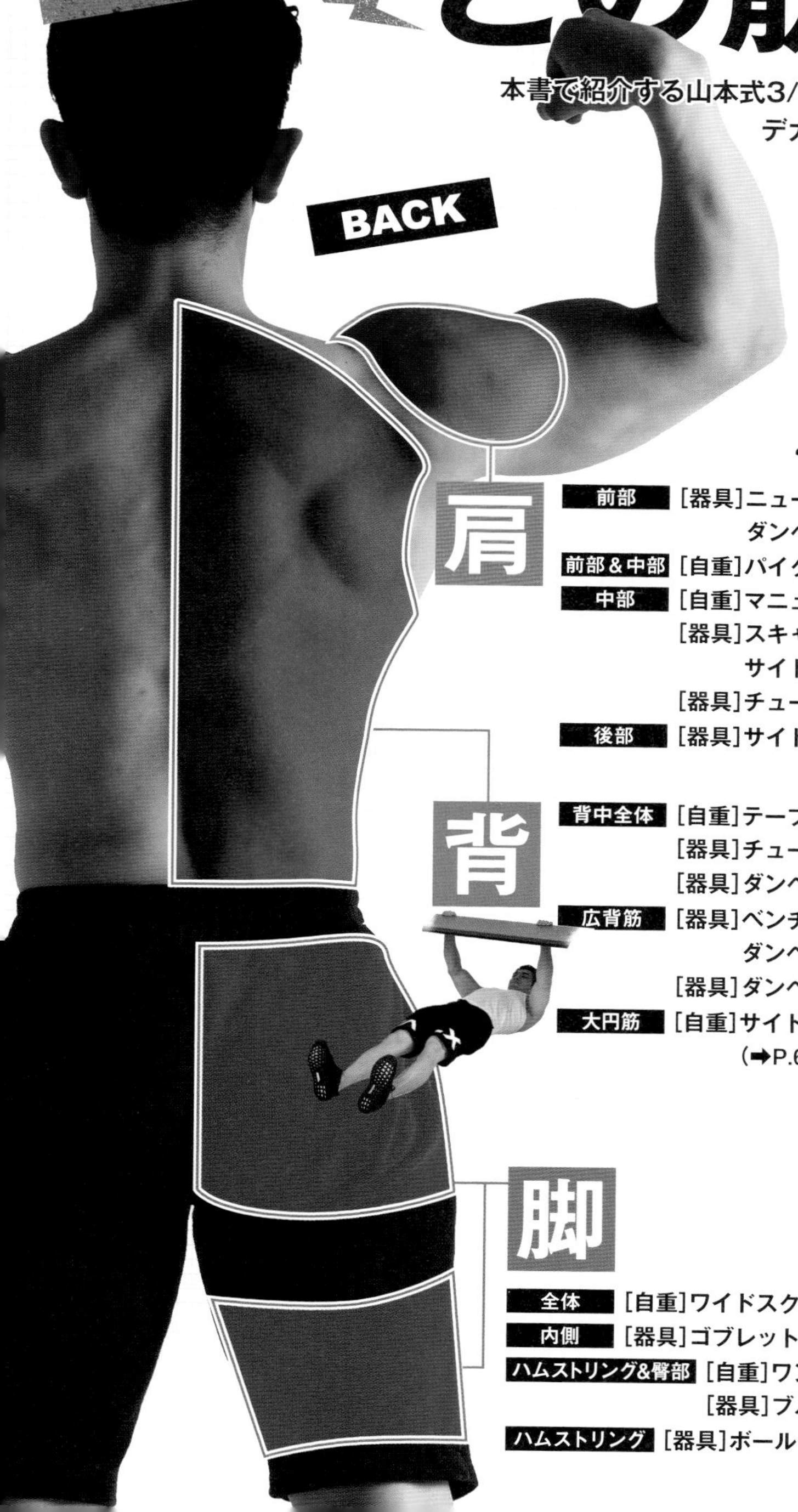

BACK

肩

前部 [器具]ニュートラルグリップ・ダンベルショルダープレス(➡P.90)

前部&中部 [自重]パイクプレス(➡P.54)

中部 [自重]マニュアル・サイドレイズ(➡P.56)
[器具]スキャプラプレーン・サイドレイズ(➡P.92)
[器具]チューブ・サイドレイズ(➡P.94)

後部 [器具]サイドライイング・リアレイズ(➡P.96)

背

背中全体 [自重]テーブルロウ(➡P.58)
[器具]チューブ・ロウイング(➡P.98)
[器具]ダンベルデッドリフト(➡P.104)

広背筋 [器具]ベンチサポーティッド・ダンベルロウイング(➡P.100)
[器具]ダンベルプルオーバー(➡P.102)

大円筋 [自重]サイドウォール・プルオーバー(➡P.60)

脚

全体 [自重]ワイドスクワット(➡P.66)

内側 [器具]ゴブレット・ワイドスクワット(➡P.114)

ハムストリング&臀部 [自重]ワンレッグ・ヒップリフト(➡P.68)
[器具]ブルガリアン・スクワット(➡P.112)

ハムストリング [器具]ボール・ハムストリングカール(➡P.116)

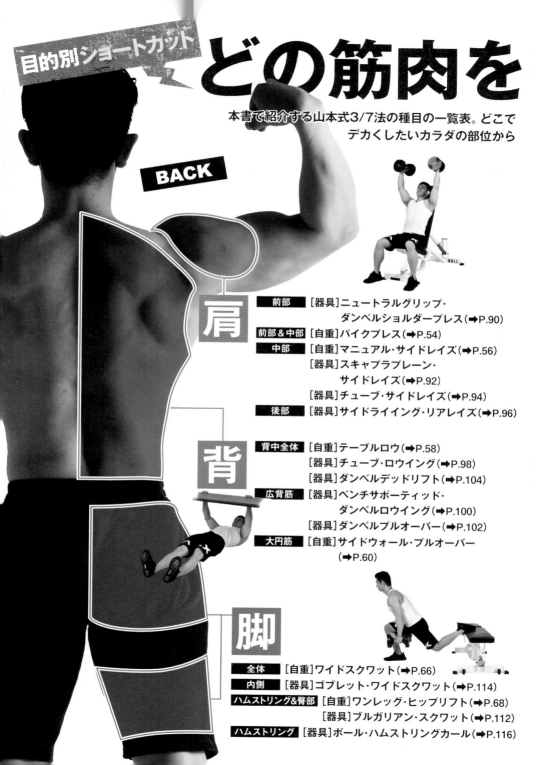

CONTENTS

CHAPTER 1 「山本式3／7法」とは何か？

CHAPTER 2 バルクアップの最先端メカニズム

CHAPTER 3 いよいよ実践！ 山本式3/7法「自重トレ編」

CONTENTS

CHAPTER 4 高負荷&高効率! 山本式3/7法「器具トレ編」

CHAPTER 5 もっと筋肉をデカくする! バルクアップ栄養学

CONTENTS

CHAPTER 6

理想の体型をゲットする8週間プログラム

CHAPTER 1

「山本式3／7法」とは何か？

筋肉を最速でデカくする
〝世界一キツい筋トレ〟の正体。

第1話 世界一キツい筋トレ!? 山本式3／7法ってなんだ？

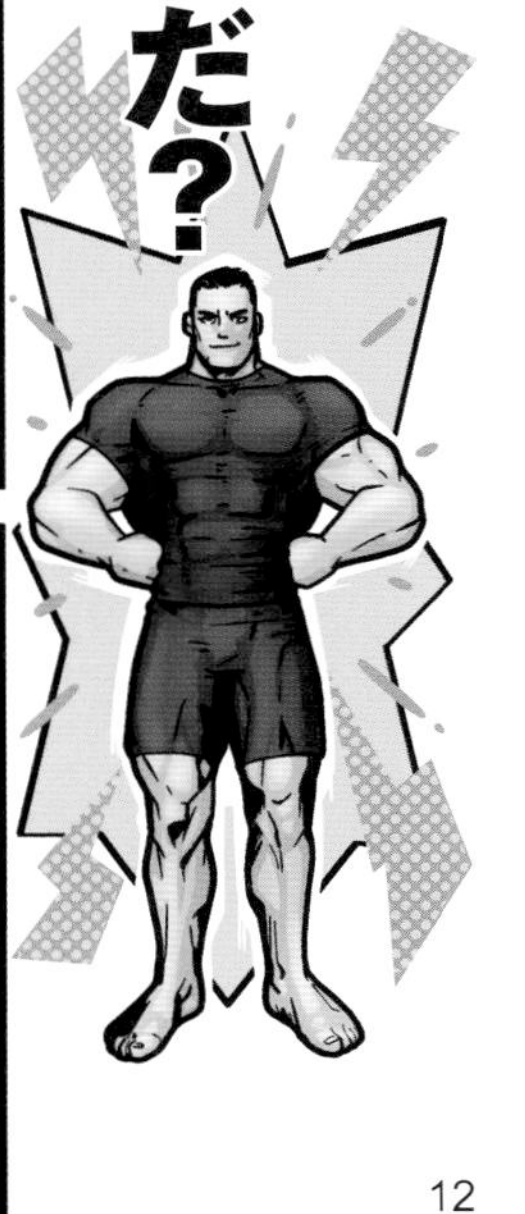

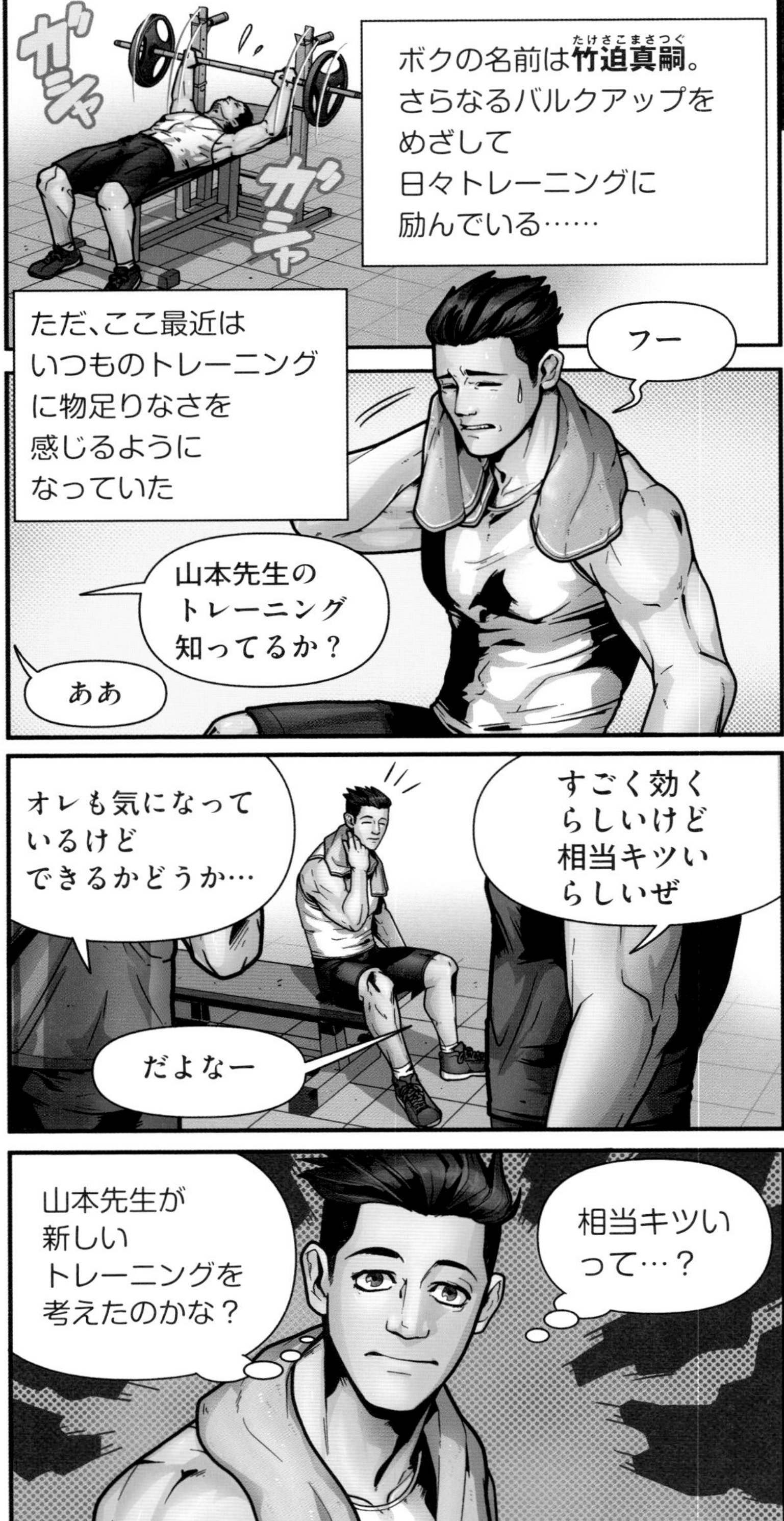
ガシャ
ガシャ
ボクの名前は竹迫真嗣《たけさこまさつぐ》。
さらなるバルクアップをめざして日々トレーニングに励んでいる……
ただ、ここ最近はいつものトレーニングに物足りなさを感じるようになっていた
フー
山本先生のトレーニング知ってるか？
ああ
すごく効くらしいけど相当キツいらしいぜ
オレも気になっているけどできるかどうか…
だよなー
相当キツいって…？
山本先生が新しいトレーニングを考えたのかな？

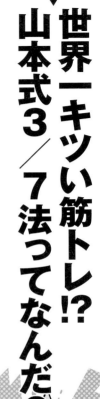

お疲れさまです！あの…
すごく効くトレーニングがあると聞いたのですが…
ええ ありますよ
その名も「山本式3/7法《スリースラッシュセブン》」！
筋肉博士 山《やま》本《もと》義《よし》徳《のり》
「山本式3/7法」？
そう
筋肉に化学的ストレスを与えるトレーニングです
とてもキツいトレーニングですがその分、効果的に筋肉を大きくできますよ！
先生！
そのトレーニングをぜひ教えてください！

超基本 1

最新研究によって生まれた 全く新しい筋トレ＝「3／7《スリースラッシュセブン》法」

方法はシンプルだが効果は絶大！

3／7法の3と7という数字は、トレーニング種目を実施するレップス（回数）を表しています。基本的に3／7法は回数とレスト（一定回数を行った後の休憩）を工夫する方法で、いろいろなトレーニング種目に応用することができます。

具体的には、そのときに行う種目をまず3回実施し、レストを15秒とります。次に4回行い、またレストを15秒とります。このように15秒のレストを挟みながら、実施回数を3回から始めて1回ずつ増やしていき、最後は7回で終わります。

これが3／7法で、ブリュッセル自由大学で行われた研究をもとに2019年に発表され、新しいトレーニングの方法として注目を集めています。

ブリュッセル自由大学の研究では、週2回、12週間に渡っ

■3/7法とは

3/7法の基本のやり方は下図の通り。ブリュッセル自由大学の研究では1RMの70%の負荷で2セットを実施した。

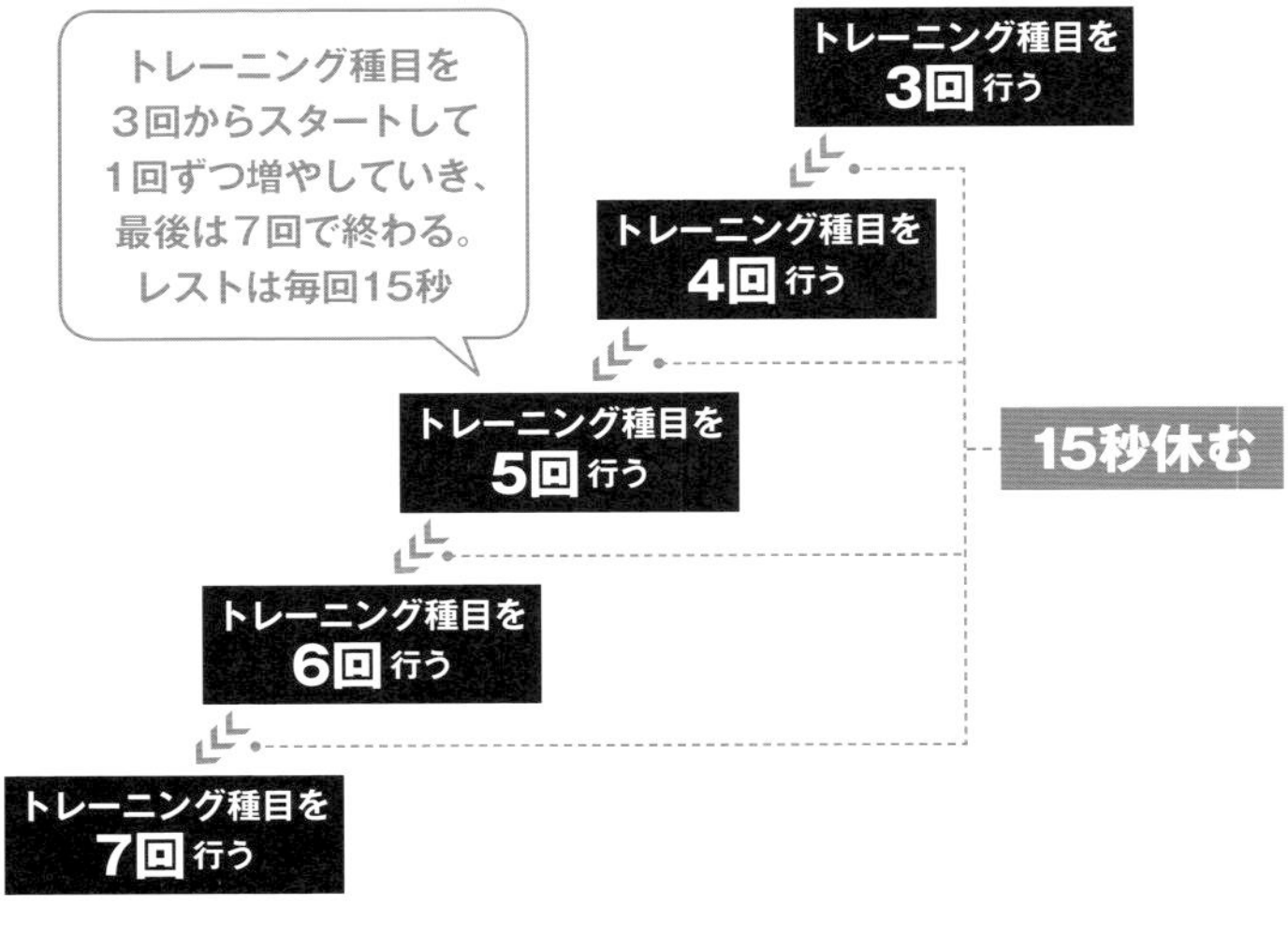
トレーニング種目を
3回からスタートして
1回ずつ増やしていき、
最後は7回で終わる。
レストは毎回15秒
トレーニング種目を 3回 行う
トレーニング種目を 4回 行う
トレーニング種目を 5回 行う
トレーニング種目を 6回 行う
トレーニング種目を 7回 行う
15秒休む

て上腕二頭筋のトレーニングを行いました。ある群は1RMの70％の負荷を用いて6回8セット（インターバルは2分）を行う一般的なトレーニング法、別の群は1RMの70％の負荷を用いて2セットを行う「3／7法」で実施したそうです。実施に要する時間を見ると、一般的なトレーニング法が計14分を要したのに対して、「3／7法」はセット間のインターバルを3分としても計5分30秒です。

そして、その結果は一般的なトレーニング群は筋力が平均12・1％、筋厚は平均5.5％の向上だったのに対して、「3／7法」の群は筋力が平均22・2％、筋厚は平均9.6％も向上しました。

この研究結果からも明らかなように「3／7法」は短い時間で、より高い効果を得られるよう生み出された、最先端のトレーニング法なのです。

■普通のトレーニング法と3/7法の比較

3/7法のメリットは「短時間で高い効果が得られる」ことだ。

	普通のトレーニング法	3/7法
回数	48回 （6回×8セット）	50回 （[3+4+5+6+7]）×2）
使用負荷	1RMの70％	1RMの70％
所要時間	14分 （2分×7）	5分30秒 （セット間を3分として）
筋力	平均で12.1％ UP	平均で22.2％ UP
筋厚	平均で5.5％ UP	平均で9.6％ UP

筋力、筋厚とも3/7法のほうが高い効果を記録した！

Knowledge

自分の1RMを知っておこう！

$$1\text{RM} = \frac{\text{あなたがギリギリ10回できたときの負荷および重量(kg)}}{0.8}$$

自分の1RMを探す簡単な方法を紹介する。最初にダンベルやバーベルなどの器具を使い、ギリギリ10回上げ下げできる負荷（重さ）を探す。仮にその負荷が40kgだとした場合、初心者ならこの数値が1RMの80％と考える。次にこの値の100％時を導き出せばいいので、40÷0.8＝50kgで、すなわち50kgがあなたの1RMとなる。この1RMを基準として、オリジナル3/7法なら約70％の負荷（35kg）で、山本式なら50〜60％の負荷（25〜30kg）で各種トレーニングを行う。

超基本

2

2種類のストレスが筋肉を刺激し、デカくする！

筋肥大にストレスは欠かせない

なぜ筋肉が発達するのか、それはシンプルに表現すると「ストレスに対する適応現象」です。

私たち人間の体はストレスを受けると、それに適応しようとします。この「適応」は3段階に分けられ、それぞれ「**警告反応期**」「**抵抗期**」「**疲弊期**」と呼ばれます。さらに警告反応期は「**ショック相**」「**抗ショック相**」という2つの層（段階）に分けられます（下図）。

バルクアップのためのトレーニングについて考えると、それまでトレーニングをしていなかった人がウエイトトレーニングを行うと最初のうちは筋肉痛が起こります。この筋肉痛が生じている段階は**警告反応期**の**ショック相**に該当します。時間が経過するとやがて筋肉痛が消えますが、これは**警告反応期**の**抗ショック相**に当てはまります。その警告反応期を経て、さらにトレーニングを継続すると、

■バルクアップのメカニズム

筋肉はストレスを受けると、それに適応するために発達する。

ストレス　刺激と同義。筋トレをすることは筋肉に刺激を与えることになる。

↓

警告反応期　»　**ショック相**　筋肉痛が生じている段階。　»　**抗ショック相**　筋肉痛が軽減している段階。

↓

抵抗期　ウエイトトレーニングを日常的に継続すると筋肉が発達する。

↓

疲弊期　オーバートレーニングの状態で、この段階にならないように注意が必要。

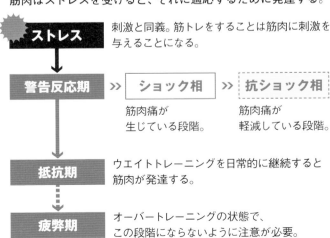

ストレスに抵抗する時期である**抵抗期**になり、ここで筋肉が発達していきます。

それでは、この「ストレス」とはなんでしょうか。

筋肉の発達はストレスに対する適応現象ですから、バルクアップのためのトレーニングは筋肉にストレスを与えるための作業と言い換えることができます。

「歩く」「手足を上げる」などの体の動きは筋肉が収縮することによって起こります。同様にトレーニングで体を動かし、筋肉にストレスを与えているときには、そのトレーニングの動きに関係する筋肉が収縮していることになります(筋肉がストレッチ=伸展しながら力を発揮する動きもありますが、そのときも筋肉は元の状態からは縮んだ状態なので、ここでは収縮と表現します)。

ストレスには「**機械的物理的ストレス(以下、物理的ストレス)**」と「**化学的ストレス**」の2種類があります。1RMの70~90%の重量で行うハードなウエイトトレーニングは、筋肉に物理的ストレスを与える作業に当たります。

一方、例えば1RMの30~40%程度の軽い重量で行うトレーニングは、より多くの回数を実施することができ、筋肉が収縮する時間が長くなります。筋肉が収縮すると血管が圧迫されて血液が流れにくくなり、その周辺の酸素濃度やpHなどが低下して、それまでよりも体内の環境が悪くなります。この環境悪化が化学的ストレスの正体です。

一般的に「筋トレ」というと物理的ストレスが注目されることが多いものの、この化学的ストレスもバルクアップを促すことが最近の研究でわかっています。

■バルクアップを促すストレスの種類

バルクアップを促すストレスには機械的物理的ストレスと化学的ストレスの2種類がある。

機械的物理的ストレス

1RMの70~90%の負荷を用いたトレーニングで加えられるストレス。

化学的ストレス

1RMの30~40%の負荷を用いたトレーニングで加えられるストレス。筋肉内部の環境を悪化させ、それに適応するために筋肉が発達する。

超基本 3

山本式3／7法の核心！15秒キープの恐るべき効果

15秒の化学的ストレスが違いを生む

14ページで紹介したように、オリジナルの３／７法の効果は研究で実証されていますし、私自身、実際に行ってみてその効果を実感しました。ただし、トレーニングの間の15秒をレスト（＝休憩）するのはもったいないと思い、より効果的に化学的ストレスを与えられる方法はないかと考えました。

そこで、さらに効率的、効果的に鍛えられるようにアレンジしたのが**山本式３／７法**です。具体的にどのようにアレンジしたかというと、**トレーニング間の15秒は筋肉をストレッチあるいは収縮させた状態をキープして、負荷をかけるよう**にしました。

ワイドスクワット（66ページ）を例に解説しましょう。

オリジナルの３／７法ではトレーニング間はただ休みま

■オリジナルと山本式の違い

トレーニング間の15秒、オリジナルの３/７法ではただ休むのに対して、山本式は筋肉を収縮（あるいはストレッチ）させた姿勢を「キープ」する。

ただ休む
オリジナル
山本式は常にストレスを加える！
筋肉に負荷をかけた状態をキープ
山本式
3回からスタートして1回ずつ増やしていき、最後は7回で終わるす。それに対して山本式3／7法では1セット目はひざを曲げた状態で体を沈めたまま、2セット目はひざを伸ばした状態でワイドスクワットの姿勢を15秒キープします。筋肉に負荷をかけた状態を維持することで、化学的ストレスが加わります。

それほど大きな違いとは思えないかもしれませんが、実際に行ってみるとこの15秒キープはとてもキツく、筋肉に十分なストレスを与えられることを実感するでしょう。そして、この化学的ストレスがバルクアップを強力に促します。

このように**山本式3／7法は化学的ストレスを強く与えられるので、重いバーベルなどの器具を使用する必要はなく、負荷が小さくても十分な効果が得られます。**

目的によっては器具を使わない自重トレーニングでも十分な成果が得られますし、関節への負担もなく、年齢やそれまでのトレーニング経験を問わず、どなたでも無理なく取り組むことができます。

山本式3/7法のメリット

山本式3/7法は軽い負荷でも効果が出る、効率がよいメソッドである。

キーワードは「化学的ストレス」だ!

化学的ストレスで効果&効率UP

15秒キープ時に筋肉が収縮した状態をキープして、化学的ストレスを与える。筋肉に負荷をかけたまま静止するトレーニングはあまりないので、新鮮な刺激を与えることにもなる。

小さい負荷でもOK!

筋肉に化学的ストレスを加えられるため、一般的なトレーニングやオリジナルの3/7法より小さい負荷でも効果が出る。

超基本 4

筋肉の収縮×ストレッチと「化学的ストレス」の関係！

キープ中の筋肉で何が起きているのか

意外と知られていないことですが、実は筋肉はストレッチさせるだけでも発達します。こうした筋肉の仕組みを理解することは、トレーニングにもとても役立ちます。

16ページで紹介したようにトレーニング中、その動きに関係する筋肉は収縮しています。筋肉の収縮にはいくつかの種類があり、バーベルやダンベルを使う一般的なウエイトトレーニングは「**等張性筋収縮**」が該当します。

■筋収縮の種類

一定の姿勢をキープしているときでも筋肉は「等張性筋収縮」の状態にあり、バルクアップにつながる化学的ストレスを受けていることになる。

収縮の種類	概要
等張性筋収縮	一定の力を発揮しながら、体を動かす(関節を曲げる)筋肉の収縮。動きによって「短縮性筋収縮」と「伸張性筋収縮」に分けられる。英語では「アイソトニック(isotonic)筋収縮」という。
等尺性筋収縮	関節を動かさずに筋肉が一定の長さを維持している収縮。例えば「ダンベルを持ってひじを曲げたままの姿勢を保つ」のは上腕二頭筋などが収縮したまま維持されていることになる。英語では「アイソメトリック(isometric)筋収縮」という。
等速性筋収縮	一定のスピードで体を動かす筋収縮。等速性筋収縮を意識したトレーニングは専用のマシンを使い動作中は常に一定の速さで動くようになっている。英語では「アイソキネティック(isokinetic)筋収縮」という。

収縮の種類	概要
短縮性筋収縮	目的とする動作のために、筋肉が短く縮みながら力を発揮する収縮。例えば「インクライン・ダンベルカール(108ページ)」なら、ダンベルを持ち上げるときに上腕二頭筋が短縮性筋収縮する。「求心性筋収縮」ともいい、英語では「コンセントリック(concentric)筋収縮」という。
伸張性筋収縮	目的とする動作のために、筋肉がストレッチしながら力を発揮する状態。例えば「ダンベルハンマーカール(110ページ)」なら、ダンベルを下ろすときに上腕二頭筋は伸張性筋収縮の状態にある。英語では「エキセントリック(eccentric)筋収縮」という。

等張性筋収縮は、さらに**「短縮性筋収縮」**と**「伸張性筋収縮」**という2つのタイプに分けられます。短縮性筋収縮は、筋肉が収縮して力を発揮する状態。筋肉がストレッチしながら力を発揮するのは伸張性筋収縮で、短縮性筋収縮よりも伸張性筋収縮のほうが、より強い物理的ストレスを加えられることが知られています。

一方、バーベルやダンベルを持ってひじを曲げた姿勢を維持するのは「等尺性筋収縮」に当てはまります。山本式3／7法では15秒キープの間、筋肉はこの等尺性筋収縮の状態にあります。**キープ中は血管が圧迫された状態で化学的ストレスが加えられ、トレーニングを終えると筋肉が緩んで血管は戻り、血液循環も元のスムーズな状態になります。**

このメカニズムからわかることの一つが、筋肉が収縮している時間が長ければ長いほど、化学的ストレスは強くなるということです。山本式3／7法では、筋肉は最後の7回が終わるまでずっと化学的ストレスを受け続けます。そのため、オリジナルの3／7法に比べて遥かに強い化学的ストレスを加えることができます。

また、等尺性筋収縮の要素を取り入れたバルクアップのためのトレーニングはあまりないので、筋肉に新鮮なストレスを加えられるのも山本式3／7法の特長の一つといえます。

■トレーニング時の筋肉と血管の関係

トレーニング時、ターゲットの筋肉は収縮して血管が圧迫される。その結果、血液が到達しにくくなる。

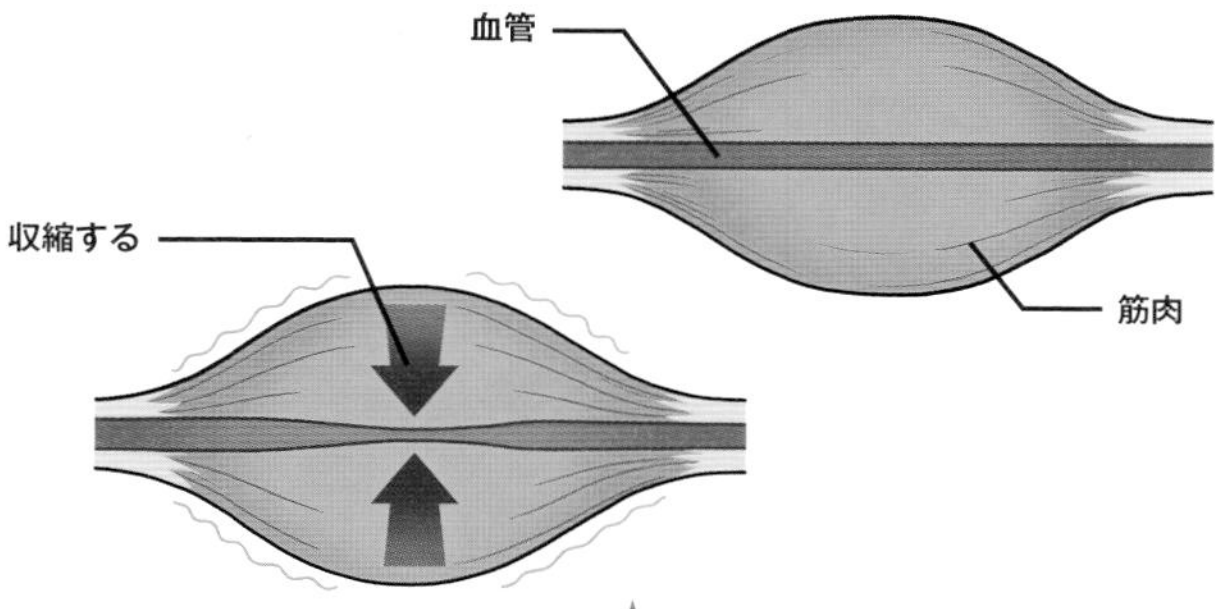

血液には体の隅々に酸素や栄養素を運ぶ役割があるため、
血流が滞ると、その部位内の環境が悪くなる

超基本 5

必要最低限のストレスこそバルクアップの味方である！

「すぎる」トレーニングは逆効果

物理的にせよ、化学的にせよ、筋肉へのストレスは大きければ大きいほどバルクアップの効果は高いのでしょうか。

答えはノーです。

ストレスが大きすぎると疲弊期（16ページ）に陥ってしまい、筋肉は発達しなくなります。最低限のストレスさえ与えれば、それでバルクアップのための刺激としては十分。**現在の体の能力を100%とすると、それより、ほんの少しだけ大きい101%のストレスを与えればそれでOKです。**私はこの考え方を「101理論」と呼んでいます。勤勉といわれる私たち日本人は「トレーニングはやればやるほどよい」と考えがちですが、やり過ぎは効果が減少するどころか、むしろNGです。その事実を私はトレーナーになって実感しました。

■101理論の考え方

120%で行うハードなトレーニングと101%で行うトレーニングの比較。ハードなトレーニングが効果が高い訳ではない。

	120%	101%
内容	自分の能力をはるかに超えて行う。実施後には重度の筋肉痛を生じる	**自分の能力を少し超えるトレーニング**。実施後には軽い筋肉痛を生じる
特徴	「ハードなトレーニングをした」と大きな満足感を得られる	**重い負荷を使用しない**ので取り組みやすい
効果	トレーニングに費やす労力ほど効果を得られないこともある	**120%のトレーニングと同等、もしくはそれ以上の効果**を得られることが各研究によって実証されている
注意点	疲労の蓄積で効果が減少するばかりか、故障にもつながる可能性がある	**「ほどよい筋肉痛」が目安**。ただし、筋肉痛が生じないケースもある

きっかけは、ハードなトレーニングを行っているアスリートに比べてダイエット目的で軽いトレーニングを行っている女性のほうが効率よく筋肉量が増えていたことでした。「やりすぎは効果がないのでは？」と思い、アスリートのトレーニング量を1／2〜1／3程度に減らしたところ、それまでよりも格段に早く筋肉量が増えていったのです。

私はこの理由を**「少ないトレーニング量で必要最低限のストレスを与えるだけなので、筋肉の疲労回復にさほど時間がかからないから」**だと考えています。思うように体を動かせない筋肉痛が2〜3日も続くハードなトレーニングを行うと、そのリカバリーの期間はトレーニングができません。

一方、山本式3／7法は一つの種目につき2セットのみで十分なストレスを与えることができ、やり過ぎを防ぐことができます。その点でも優れたトレーニング法といえるでしょう。山本式3／7法のように必要最低限のストレスを与えるトレーニングが、より短期間でのバルクアップを叶えるという事実は、下で紹介するような様々な研究でも明らかになっています。

■トレーニングの効果を実証する研究

バルクアップのための最適なトレーニングについて世界中で研究されている。

3セット以上のトレーニングは必ずしも効果的ではない

2017年10月、Clinical Physiology and Functional Imagingに発表されたレビューでは次のように結論づけられている。

- トレーニング未経験者にとって上半身の発達において3セット以上行うことは、2セット以下と比較して効果があるわけではない。
- トレーニング経験者にとっても3セット以上が明らかに効果的だとはいえない。

悪い意味での根性論では
理想の筋肉は
手に入れられません

週1〜2回でも十分な効果がある

イギリス・サウサンプトンのソレント大学のジェームズ・フィッシャーらは「8〜12レップスで限界までを1セット、週1〜2回行うことで十分な効果を出せる」と主張している。

超基本 6

山本式3／7法の効果を高める2つのポイント！

狙ったところにストレスを集中させる！

効率的に鍛えられる山本式3／7法ですが、理想の体を手にするために気をつけたいポイントが2つあります。

一つ目は**大きな動きで行うこと**です。筋肉はとくにストレッチするときに物理的ストレスがかかりますが、強いストレスを加えるためには可動域を広くとることが求められます。狭い可動域で、体を小さく動かしても筋肉は十分にストレッチされません。

また、化学的ストレスを効率的に加えるためにも、可動域を意識することは大切です。狭い可動域では同じ回数でも筋肉の緊張時間（力を発揮している時間）は短くなってしまいますが、筋肉の緊張時間を長くできれば、化学的ストレスは大きくなります。**広い可動域、大きな動きで行ってこそ、2つ**

Point 1　大きな動きで行う

可動域を広くとり、大きな動きで行うことで、物理的ストレス、化学的ストレスともに十分に加えることができる。

例 ワイド・プッシュアップ
（50ページ）

あごが床につくくらいまでしっかりと体を下ろす。
ひじを少し曲げる程度では効果を得られない

のストレスを最大限に与えられることはぜひ、覚えておいてください。

もう一つ、**正しいフォームで行うこと**もとても大切です。

山本式3/7法は後半になればなるほどキツくなります。後半の6回~7回あたりではターゲットの筋肉がパンパンになって痛みさえ感じられるかもしれませんが、最後まで正しいフォームを維持し、狙ったところにストレスを集中させましょう。

なんとか回数をこなすためにフォームを崩して負荷を逃がす(筋肉へのストレスを軽減する)と、化学的ストレスも分散してしまいます。それでは効率的にバルクアップできませんし、関節痛などのトラブルにつながる可能性もあります。

ちなみに、正しいフォームができているかどうかは、トレーニングを行っている際のストレッチ(あるいは収縮)している筋肉の状態でわかります。トレーニング中にターゲットの筋肉に張りを感じたり、トレーニング後にその筋肉が筋肉痛になれば正しいフォームで行っていることになりますし、狙っているのとは違う筋肉がそのような状態になるなら、正しいフォームではないということになります。

Point 2 正しいフォームでトレーニングする

誤ったフォームで行うと効率が悪くなる上、故障につながることも。とくにキツくなる後半は要注意。

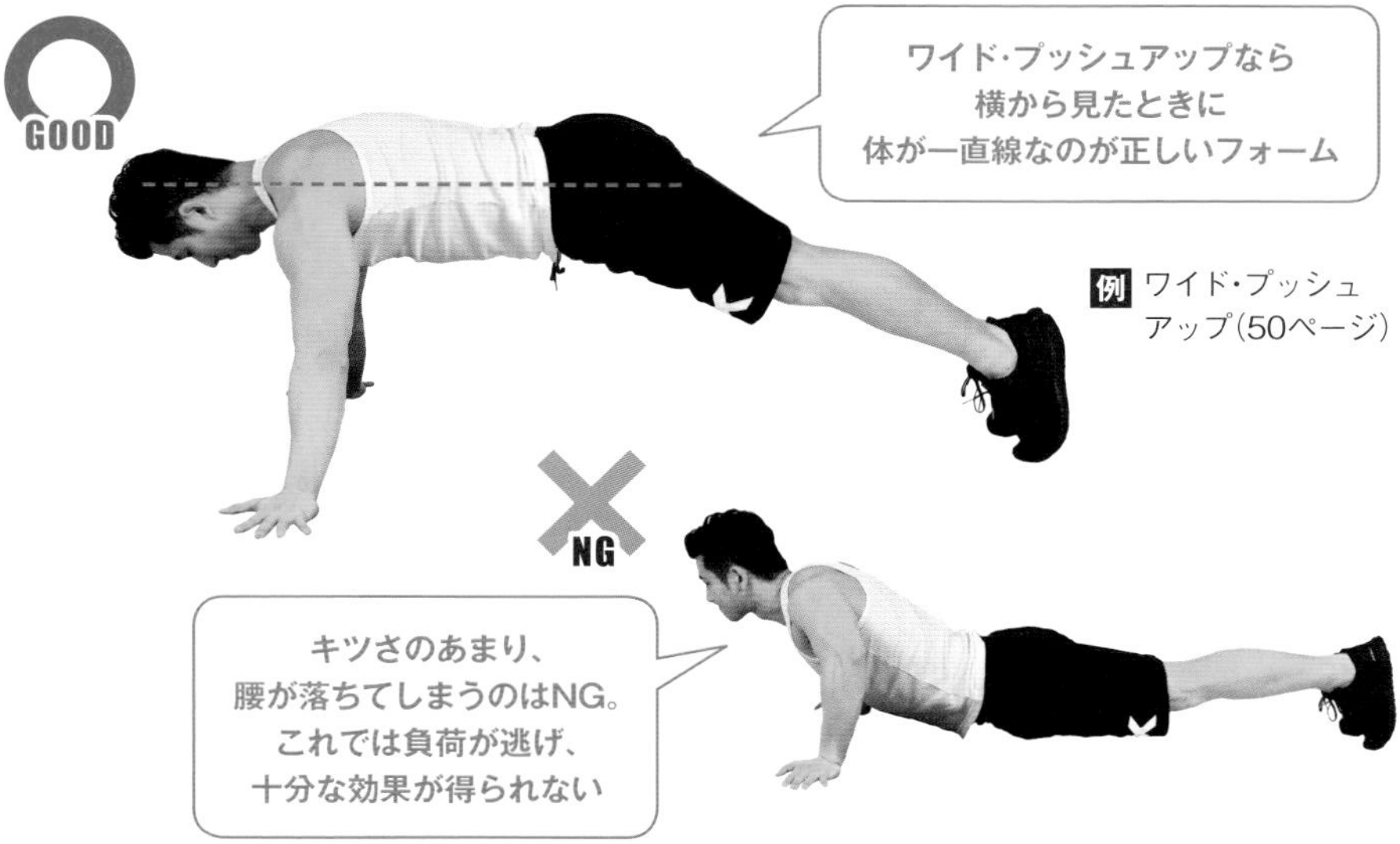
GOOD
ワイド・プッシュアップなら
横から見たときに
体が一直線なのが正しいフォーム
NG
キツさのあまり、
腰が落ちてしまうのはNG。
これでは負荷が逃げ、
十分な効果が得られない

例 ワイド・プッシュアップ(50ページ)

筋肉博士のQ&A Column

Q 15秒キープの「15秒」はどのように計ればいいですか？

A シンプルだが、時計が一番！

山本式3/7法の「15秒キープ」の時間は、シンプルに時計で計るのが一番よい方法です。

ときどき自分の感覚でカウントする人がいますが、これでは正確な時間を計ることは難しいです。特にトレーニングの後半は疲れからカウントが早くなりがち。正確に時間が計れないとトレーニングの効果も十分に得られなくなってしまいます。

また、ストップウォッチやスマホのタイマーアプリを利用する方法もありますが、一回一回操作する必要があるものは、その手間によって集中力がそがれてしまうので、あまりおすすめできません。

時計については、**デジタル時計よりもアナログ時計の秒針を見たほうが直感的に時間の経過を確認できます**。目覚まし時計や腕時計のように持ち運べるものは「15秒キープ」中に目に入りやすい場所に設置でき、秒針の音がするタイプは音で確認できるというメリットがあります。なお、音でカウントする方法としてはメトロノームを利用するという選択肢もあります。

いずれにせよ、正確に「15秒キープ」をして、しっかりと筋肉に化学的ストレスを加えましょう。

CHAPTER

2

バルクアップの最先端メカニズム

どうして筋肉はデカくなる?
筋肥大の仕組みをおさらい。

第2話 知るだけでデカくなる!? 最速バルクアップの「超理論」

3/7法か…
これならバルクアップできそうだ！
よし！ 早速挑戦してみよう
ちょっと待ってください
たっ
山本式3/7法は正しい姿勢でトレーニングすることがとても大切です
それはまた後ほど詳しく説明するとして…
バルクアップのメカニズムを知ることも大切です
ぐっ
バルクアップのメカニズム？

ポイントは
2つ
①合成と分解のしくみ
②休ませ方
つまり「筋肉を知る」ということです
知りたいですか？
知りたいです！
ぜひ、お願いします！
サッ
合成のしくみ？
休ませ方？
ヤッター！
「筋肉を知る」
それではレクチャーしましょう
ドーン！

超理論 1

細胞レベルから考える！バルクアップの基本理論

筋肉は日々生まれ変わっている

私たち人間の体は膨大な数の細胞で構成されていますが、筋肉もまた筋線維という線維状の細胞が集まってできています。

細胞は様々な成分でつくられていて、なかでも水の次に多いのがタンパク質です。タンパク質がバルクアップのために必要な栄養素であることは広く知られていますが、それはタンパク質が筋肉の材料になるからです。

タンパク質は、常に新たにつくられる「合成」と古くなったものを壊す「分解」を繰り返していて、それはタンパク質が主成分の筋肉も例外ではありません。

普通に暮らしていると、タンパク質の合成と分解のバランスがとれているため、短期間では筋肉は増えも減りもし

■筋肉の構造

筋肉は筋線維という細胞が集まった筋束がさらに数多く集まってできていて、表面は筋膜で覆われている。

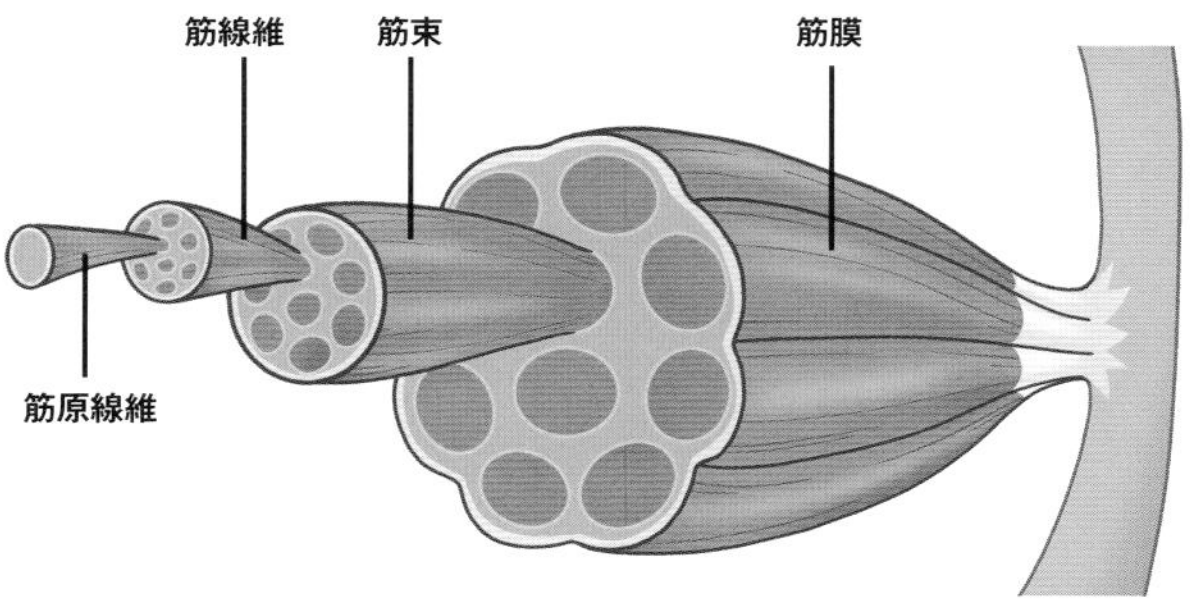

筋線維とは

筋肉を構成している細胞で、なかには筋原線維がぎっしり詰まっている。筋原線維はアクチンやミオシンなどのタンパク質でできている。この構造から、「筋肉はタンパク質でできている」とよくいわれる。

ません。

では、なぜトレーニングによってバルクアップするかというと、その理由はシンプルで、筋肉の合成が分解を上回るからです。

筋肉が合成されるとき、体の内部で大きな役割を果たしているのが「mTOR（エムトア）」です。mTORは細胞の成長を調節するシグナル伝達経路です。mTORC1、mTORC2という2つの種類が存在しますが、なかでもmTORC1がトレーニングによって加えられるストレスによって活性化することが明らかになっています。mTORが活性化すると、その下流にあるタンパク質合成酵素のリン酸化が起こり、結果として筋肉を構成するタンパク質の合成が始まります。

つまり、mTORは身体を「筋肉合成モード」にするスイッチ」のような存在で、このスイッチを入れることから、バルクアップは始まります。

■トレーニングによって筋肉が合成されるメカニズム

トレーニングによる筋肉の合成にはmTORが大きな役割を果たしている。

1. トレーニングによってmTORが活性化する

↓

2. タンパク質合成酵素のリン酸化が起こる

↓

3. 筋肉がつくられ始める

筋肉の合成にはいろいろな物質が関係しています

用語解説

mTOR
(mammalian Target Of Rapamycin)の略。DNAの転写・翻訳や成長因子、細胞のエネルギー、酸化還元状態など様々な細胞内外の環境情報を統合し、細胞の成長を調節するシグナル伝達経路である。

タンパク質合成酵素
酵素は体内で起こる様々な化学反応を引き起こすための触媒になる物質のこと。タンパク質合成酵素は、その名の通りタンパク質の合成を促すもので、p70s6kや4E-BP1などがある。

リン酸化
各種の有機化合物（とくにタンパク質）にリン酸基を付加させる化学反応で、わかりやすくいうと「ある物質にリンという物質がくっつく」ということ。リン酸化すると酵素は活性化（あるいは不活性化）する。

超理論 2
筋肉を減らす「ミオスタチン」を抑えろ！

タンパク質と分解の関係

前ページでは「mTOR」をキーワードに主に筋肉の「合成」について説明しました。

ここでは合成と対になる作用である筋肉の「分解」について説明しましょう。

筋肉と同様にホルモンや酵素、内臓、骨などもタンパク質を材料としてつくられています。

バルクアップした体はとても美しいものですが、過剰な筋肉は生き物にとって何より大切な生命を維持するためには、それほど必要性が高くありません。

人間の体は過剰な筋肉のように重要度が低いところよりも、内臓などの生命維持に重要な部位に優先的にタンパク質を使用する仕組みになっています。

■ミオスタチンの働き

ミオスタチンは筋肉から分泌されるホルモン様物質で、バルクアップの阻害要因である。トレーニングによって抑制することができる。

ミオスタチン

具体的な働きは？

筋肉が必要以上に発達して大きくなることを抑制する。ミオスタチンの影響で人間は適度な筋肉と体の大きさを維持することができる。

どんな物質？

主に筋肉から分泌されるホルモン様物質。体の様々な機能をコントロールし健康を保つための潤滑油のような働きをしている。

トレーニングとの関係は？

トレーニングによる筋肉へのストレスは、ミオスタチンの分泌を抑制することが明らかになっている。

バルクアップとの関係は？

筋肉の発達を抑制するホルモン様物質なので、ミオスタチンが盛んに分泌されることはバルクアップの阻害要因になる。

そのタンパク質の配分を調整する働きを担うのが、「ミオスタチン」です。

ミオスタチンは筋肉から分泌され、主としてタンパク質をより重要な部位の合成に使用するように調整します。ミオスタチンが多く分泌されると、合成に必要なタンパク質が筋肉に供給されなくなる一方、日常的に筋肉の分解は続くので、結果的にミオスタチンはバルクアップを妨げる物質ということになります。

トレーニングのストレスはミオスタチンの分泌を抑制することがわかっています。つまりトレーニングは「筋肉を減らすミオスタチンを減らす」ことによって、筋肉の分解を遅らせるというわけです。

このようにトレーニングはｍＴＯＲを活性化して筋肉の合成を促すと同時に、ミオスタチンを抑制して筋肉の分解を減らします。この２つの作用によって、筋肉の合成が分解を上回るようになり、筋肉は大きく発達するのです。

■筋肉の合成と分解のバランス

合成

「筋肉が合成される」とは「新たに筋肉がつくられる」ということである。

分解

「筋肉が分解される」とは破壊されて減少することである。なお、筋肉はエネルギーをつくるために分解されることもある。

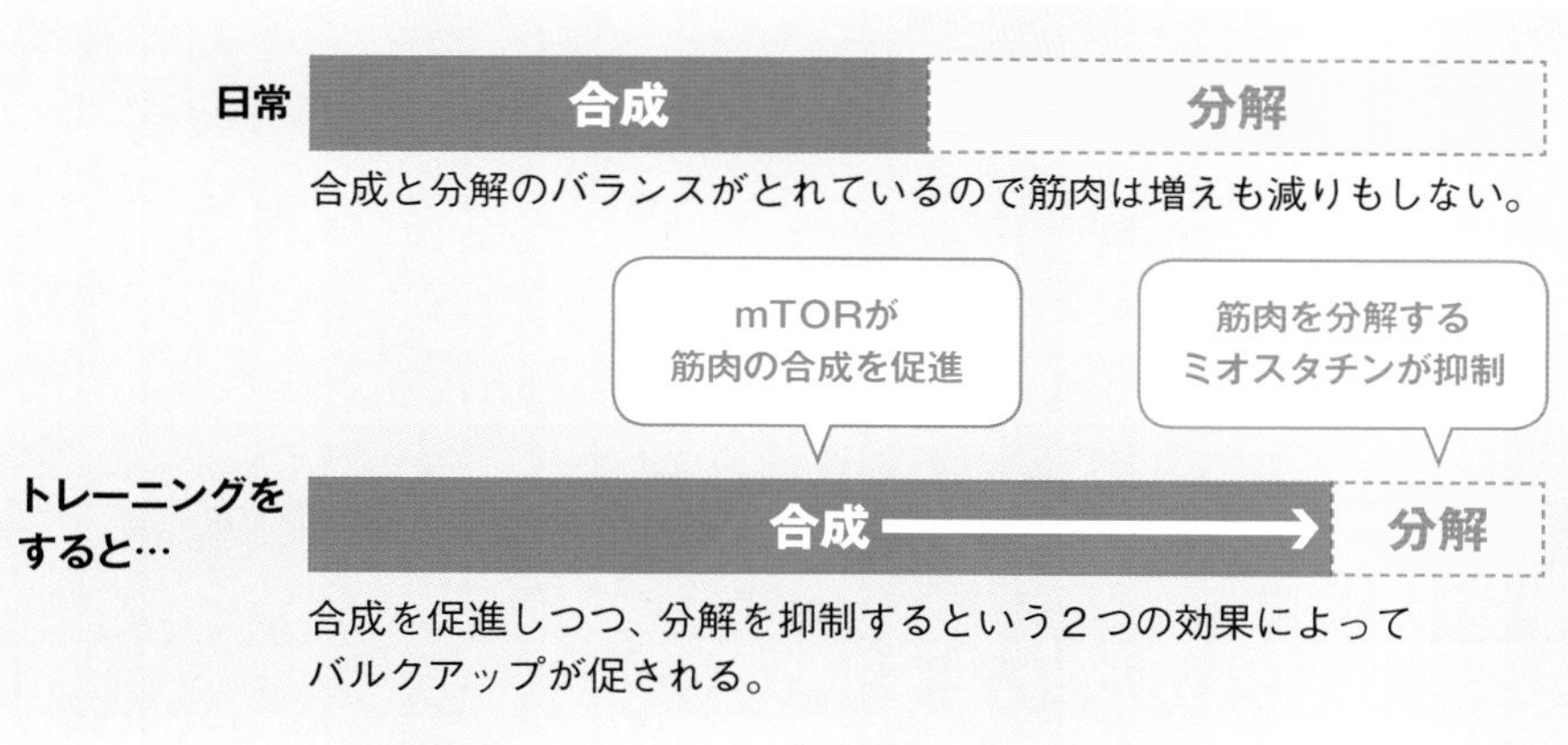
日常
合成
分解
合成と分解のバランスがとれているので筋肉は増えも減りもしない。
mTORが
筋肉の合成を促進
筋肉を分解する
ミオスタチンが抑制
トレーニングをすると…
合成
分解
合成を促進しつつ、分解を抑制するという２つの効果によって
バルクアップが促される。

超理論 3

セット間のインターバルで十分に筋肉を回復させろ！

短時間のインターバルは×！

体の内部の変化を考える際にはホルモンの存在も忘れてはいけません。なかでもバルクアップでは「成長ホルモン」が重要な役割を果たします。

トレーニングを行うと成長ホルモンが分泌されますが、その成長ホルモンには体脂肪を分解したり、筋肉を増やす作用があります。「短時間のインターバル（1分程度）で行ったほうが成長ホルモンの分泌量が多かった」という研究報告があったため、以前はセット間のインターバルは短くすることが推奨されていました。しかし最近になって、短時間のインターベルがベストではないことが明らかになっています。

ここで、トレーニングが筋肉に加えるストレスとセット間のインターバルの関係について考えてみましょう。

■成長ホルモンの働き

成長ホルモンには様々な働きがあり、バルクアップについても重要な役割を担っている。

どのようなホルモン？

脳からの指令を受けて下垂体という部位から分泌される。肝臓や筋肉、脂肪などの様々な臓器で行われている代謝を促進する。

成長ホルモン

具体的な働きは？

「身長を伸ばす」以外に下のようのものが挙げられる。

- 筋肉合成の促進
- 体脂肪の分解
- 疲労回復
- アンチエイジング

名前の由来は？

様々な働きがあり、その一つに「身長を伸ばす」があることから、「成長ホルモン」と呼ばれるようになったとされている。

まず、物理的ストレスについて。強い物理的ストレスを与えるなら、トレーニングに使う重量は重いほど効果的です。その場合、インターバルは十分に休み、筋肉を回復させなければいけません。短いインターバルで行うと使用重量が落ち、十分なレップスをこなせなくなります。これでは弱い物理的ストレスしか与えられません。

一方、化学的ストレスに目を向けると、短時間のインターバルでは後半がキツくなり、正しいフォームで十分なレップスを実施できなくなります。**化学的ストレスを与えるにはターゲットの部位に「ダイナミックな変化」をもたらしたほうがよく、ある程度のインターバルをとって筋肉を十分に回復させ、適切な回数を行ったほうが効果が大きくなります。**実際、短い間隔で行うとバルクアップの効果が落ちてしまうという研究報告もあります。

このように物理的ストレス、化学的ストレスのどちらの面で考えても短すぎるインターバルはNG。十分に筋肉を回復させるにはセット間のインターバルが1分程度では短すぎます。

山本式3/7法は2つのストレスを同時に与えられるトレーニングなので、やはり十分なインターバルは必要です。少なくとも2〜3分、できれば5分はとると効率的に鍛えることができるでしょう。

■インターバルとトレーニングの効果の研究報告

16名の若い男性を対象とした研究で、セット間インターバルを1分間(A群)と5分間(B群)という２つの群に分けて、タンパク質の合成量を調べた。

A群	B群
1分間のインターバル	5分間のインターバル
⌄	⌄
タンパク質の合成が	タンパク質の合成が
76%UP	**152%UP**

インターバルが短いと効果が低くなる理由には
「トレーニングの後半に大きな負荷をかけられない」
「多くの回数を実施できない」
などが考えられる

セット間のインターバルもトレーニングの一部と考えて、最低2〜3分はとろう！

超理論 4
毎日のトレーニングは逆効果！休息こそが筋肉をデカくする

筋肉はいつ大きくなるのか？

トレーニングは毎日行う必要はなく、**週2〜3回程度の頻度で十分な効果を得ることができます。**

トレーニングは筋肉の合成を促進しますが、じつは同時に分解も促します。トレーニングのストレスは体にとって大きな負担で、それに対抗するためにエネルギーを必要とします。そのエネルギーをつくり出すための方法の一つとして、筋肉が分解されるのです。

このページでは、この筋肉の合成、分解とトレーニングの関係についてくわしく解説していきましょう。

まず、トレーニングを行っている最中は筋肉の合成と分解が同時に行われ、トレーニングが終わると合成は引き続き起こり、分解は徐々に収まっていきます。このと

■トレーニングと筋肉の合成＆分解の関係

下はトレーニング実施時から3日後までの筋肉の合成と分解の経過のイメージ図。筋肉の分解は合成よりも早く減少していく。

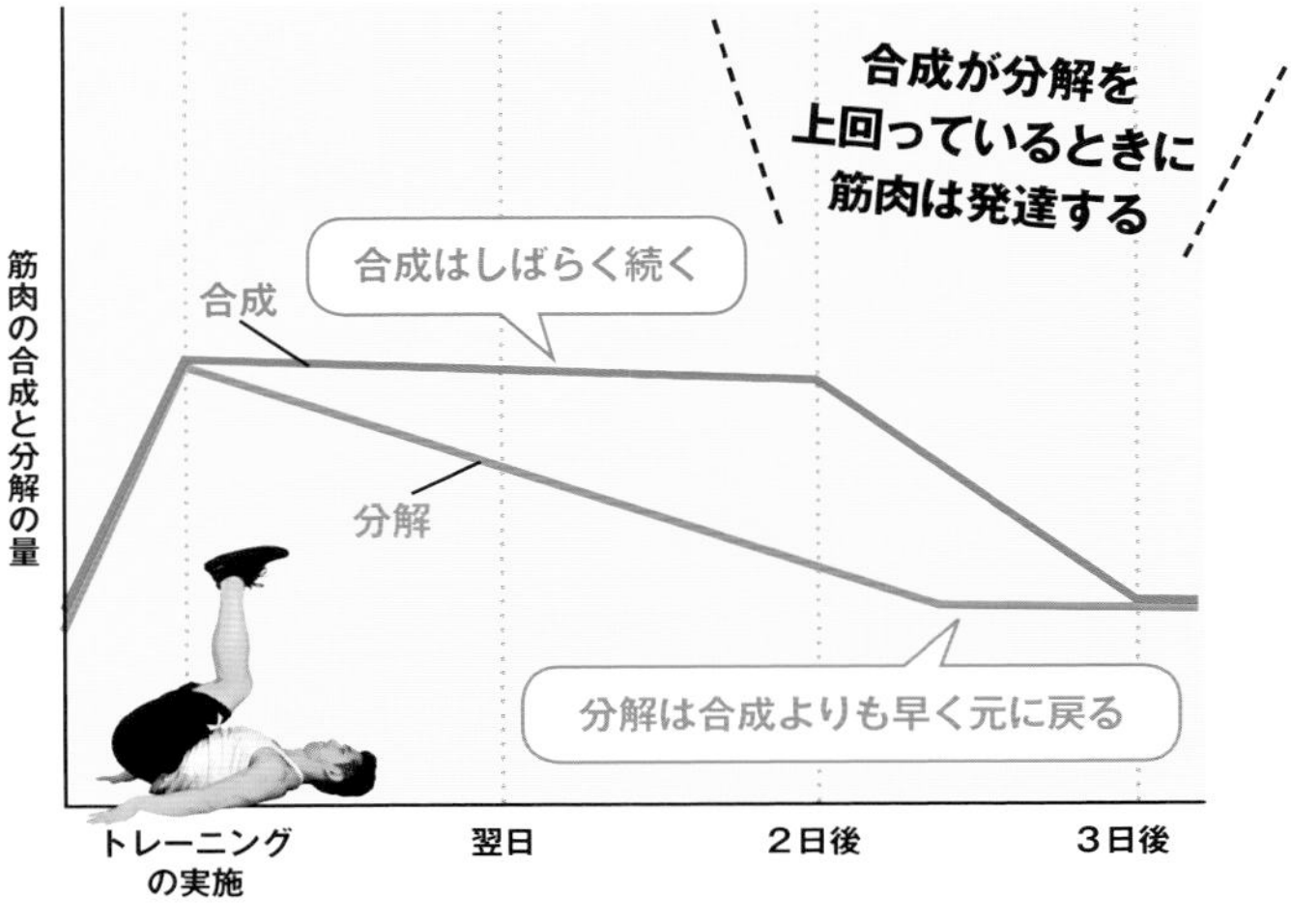

合成が分解を上回っているときに筋肉は発達する
合成はしばらく続く
合成
分解
分解は合成よりも早く元に戻る
筋肉の合成と分解の量
トレーニングの実施
翌日
2日後
3日後

きに合成が分解を上回り、筋肉が増えていきます。

この筋肉の合成と分解の関係からわかるのは、**「筋肉は休んでいるときにこそ発達する」**ということです。

毎日のようにトレーニングをしていると、分解が収まるタイミングがありません。いくらトレーニングして合成を促しても、それと同じくらい筋肉が分解されているようでは効果はありません。ラグビー選手を対象にした研究(下図)では、筋肉を分解するホルモンである「コルチゾル」の分泌量は2日半経過しても高い数値を維持したままであることが明らかになっています。

「部位を変えて行うのなら、毎日、筋トレに取り組んだほうが効果が高い」という話を耳にしたことがある人もいるかもしれませんが、コルチゾルは対象の部位だけではなく、全身を巡る血液中に存在しているため、日によって筋トレの対象を変えたところで、体内のコルチゾルの濃度が高い状態であることに変わりありません。

毎日のトレーニングは疲れがたまっていき、それが体のトラブルにつながることもあるので、かえって逆効果といえるでしょう。

■トレーニングとコルチゾルの関係の研究報告

試合後のラグビー選手に血液検査を行い、筋肉を分解するホルモン「コルチゾル」の分泌量を調べた研究の結果。

試合終了**12時間後**	>>	平常時に対して**コルチゾルが56%増の状態**
試合終了**36時間後**	>>	平常時に対して**コルチゾルが59%増の状態**
試合終了**60時間後**	>>	平常時に対して**コルチゾルが34%増の状態**

2日半経過しても高い数値のままだった

理論に基づかないと
せっかくの努力が
もったいない!

Knowledge

「超回復」の言葉の意味

筋肉というと「超回復」という言葉を思い出す人もいるだろう。よく「筋肉は休息中の超回復で大きくなる」と耳にする。ただ、「超回復」という言葉自体は、もともとはグリコーゲン(人間のエネルギー源)の貯蓄方法などに使われていた言葉で、海外ではバルクアップについて使うことは少ない。

超理論 5

バルクアップ×ダイエット 両立したいなら時期を分けろ！

カロリーが引き起こす2つの現象

お腹回りの体脂肪が気になる人は、きっと「ダイエットをしつつ、バルクアップをしたい」と思うでしょう。その場合は、バルクアップを目指す時期とダイエットを目指す時期を分けてトレーニングに取り組むと、効率よく理想の体を手に入れることができます。**ここでのキーワードは「アナボリック」と「カタボリック」です。**

まず、アナボリックとは「生物が体外から取り入れた物質を必要な成分に変化させる現象」で、日本語では「同化作用」といいます。バルクアップするときには「栄養素を筋肉や脂肪に蓄え、体を大きくする」というアナボリックが起こっています。

一方、カタボリックは「生物が体内の物質を分解する現

■アナボリックとカタボリック

アナボリックはバルクアップ、カタボリックはダイエットとの関係が深い。

	アナボリック	カタボリック
シンプルに考えると…	合成	分解
どんな現象？	栄養素を筋肉や脂肪に蓄え、体を大きくするときの現象	体脂肪や筋肉を壊してエネルギーを取り出し、不足したエネルギーを補う現象
体型との関係は？	バルクアップをするときはこの現象が起こっている	ダイエットをするときはこの現象が起こっている
体内のカロリーの状態	十分	不足

体内の基本的なカロリーの状態が異なるので、
バルクアップとダイエットを同時進行で行うのは難しい

象」で、日本語では「異化作用」といいます。ダイエットをして体脂肪が減るときにはカタボリックが起こっていて、体内に蓄えられている脂肪、さらには筋肉などを壊して不足したエネルギーを補っています。

体全体で考えた場合、カロリー（力を引き出すエネルギー源）が十分にあるときはアナボリックが起こり、筋肉が増えやすくなります。その一方で、カロリーが十分にあるので、カタボリックは起こりにくくなります。反対にカロリーが不足しているとカタボリックが起こりやすく、アナボリックは起こりにくくなります。十分であるにせよ、不足しているにせよ、体内のカロリーの状態はいずれかなので、「筋肉を増やしながら体脂肪を減らす」のは非常に難しいということです。

バルクアップとダイエットを両立したければ期間を区切って**「カロリーを増やしてアナボリックにする時期」**と**「カロリーを減らしてカタボリックにする時期」**に分けたほ**うが効率的**です。例えば「2カ月バルクアップ→2カ月ダイエット」というサイクルを繰り返すと、ダイエットもバルクアップも実現できます。

■バルクアップとダイエットの両方を達成する方法

理想の体型がいわゆる「細マッチョ」の人の場合は、バルクアップとともにダイエットも必要。そのためには時期を分けて考えるとよい。

約2カ月

バルクアップ期

トレーニング 必要な休息をとりつつ、ハードなトレーニングを行う。

食事 良質なタンパク質を中心にしっかりと栄養素を摂取する。

次の約2カ月

ダイエット期

トレーニング バルクアップ期ほどハードなトレーニングは行わない。

食事 バルクアップ期と比べると、ある程度、食事の量を制限する。

それ以降

状況に応じて、以降もバルクアップの時期とダイエットの時期をそれぞれ2～3カ月のサイクルに分けて実施する

筋肉博士のQ&A Column

Q バルクアップのトレーニング法に「流行」はありますか?

A 「低重量トレーニング」が注目されています。

私がボディビルダーとして現役だった1990~2000年代半ばくらいまでは重い重量を用いて行うトレーニング、つまり物理的ストレスだけが重視されていました。

化学的ストレスの効果が認められた最近は**低重量・高回数で行うトレーニング**に注目が集まっています。

私自身、現役時代は重い重量を用いたトレーニングを中心に取り組んでいましたが、今現役に戻ってトレーニングをするとしたら筋肉に物理的ストレスを加えることを目的とした「高重量でのトレーニング期」と、化学的ストレスを目的とした「低重量でのトレーニング期」に分けて取り組むでしょう。

また、休養の有効性も認められるようになりました。かつて「エブリベンチ」というトレーニング法が雑誌で取り上げられたことをきっかけにブームになったことがあります。エブリベンチはベンチプレスの記録を伸ばすために毎日ベンチプレスを行うトレーニングですが、効果を得られなかったためでしょう。すぐに流行は廃れました。

肉体改造に取り組む際には十分な休養を意識してください。

CHAPTER

3

いよいよ実践！山本式3／7法「自重トレ編」

いつでも、どこでもバルクアップ！
自重でできる12の種目を紹介。

第3話 いよいよ筋トレ開始！まずは自重トレーニングだ

ここからは山本式3/7法を実際にやっていきましょう
まずは自重でできるトレーニングです!!
ウス！
自重トレーニングのメリットは…
スッ
①場所を選ばない
うお！
なにもない！
ガラーン
②器具が無くてもできることです
最初はワイド・プッシュアップにしましょうか？
はーい
とんっ
だら〜〜っ

山本式3/7法は正しいフォームで行うことがとても大切です
キュッ
ぐっ！
キュッ
これでよし！
それではまずプッシュアップを3回！
しゃきっ
はい！
終わったら**15秒キープ**です！
1…
2…
13…14…15！
意外と余裕かも…
次は4回ですね
それではまた**15秒のキープ**です
1…
2…
3…
4…
あ…あれ…？
プルプル
プルプル

自重トレ編

Rule
［ルール］

デカくしたい筋肉を狙い撃ち！ ポイントをおさえていざ挑戦

知っておきたい！ トレーニング時の注意点

ここからは、いよいよ山本式3／7法の具体的な方法を紹介していきましょう。本チャプターでは自重でできる3／7法として、身体を腹、胸、肩、背、腕、脚の6部位に分け各2種目、計12種目のトレーニングの解説を行います。

山本式3／7法は、3回、4回、5回、6回、7回と小分けに行うトレーニングの間に「ストレッチ」もしくは「収縮」の状態を15秒間キープすることで、筋肉に強力な化学的ストレスを与えます。はじめて山本式3／7法に挑戦する人は、このキープをかなりキツく感じると思いますし、筋トレを始めたばかりの人であれば、1セットもクリアできないまま挫折してしまうこともあるでしょう。

そうしたことを踏まえた上で、私のオススメの3／7法の取り組み方はずばり、**「オリジナルの3／7法から挑戦する」**ことです。オリジナルは山

■トレーニングの進め方

鍛えたい部位を決める

「筋優先法」で自分が大きくしたい筋肉に効く種目を選択する

↓

オリジナルの3/7法に挑戦する

体を慣らす意味でも、オリジナルの3/7法から始めるのがオススメ！ 慣れてきたら山本式に移行しよう！

↓

山本式3/7法に挑戦する

Point 1

呼吸を止めない

力を入れるときに「吐く」、ゆるめるときに「吸う」を繰り返す。15秒キープ時はゆっくり呼吸する。

Point 2

正しいフォームでムリせず行う

1回1回、正しいフォームで行うことで効果が高まり、ケガの予防にもなる。

本式と違って15秒キープの時間をレストに使うため、化学的ストレスの効果は落ちますが、その分、取り組みやすくなっています。まずは、オリジナルから始めて、慣れてきたら山本式に移行するといいでしょう。

種目の選び方にもコツがあります。いきなりすべてに挑戦してもいいですが、**まずは自分が一番大きくしたい筋肉はどこかを考えましょう。そして、その部位を最初に鍛えるようにしてください。**これは「筋優先法」といって、もっとも鍛えたいと思っている部位から鍛え始めることで、高い集中力とパフォーマンスを発揮できる有名なトレーニング法の一つです。３／７法においてもこの考え方をベースに、自分が鍛えたい部位の種目を優先して取り組んでみてください。

また、トレーニング中のポイントとして「**呼吸を止めない**」ことも大切になります。これは息を吸って吐き出すという行為が、大きな力を発揮する際のパフォーマンスを左右するためです。基本的には力を入れる動作で「吐く」、ゆるめる動作で「吸う」を意識してください。また、山本式３／７法の15秒キープの間は、自分なりの基準で良いので「ゆっくり」呼吸することを心がけましょう。

山本式とオリジナルの選び方

	山本式3/7法	オリジナル3/7法
特徴	● 高い化学的ストレスを与えられる。 ● 15秒のキープ時にストレッチ、もしくは収縮の状態を維持する。	● 筋トレを始めたばかりの人でも頑張ればできる。 ● 15秒キープ時に筋肉を休ませる（＝レスト）。
向いているシーン・人	● 短期間でバルクアップしたい人。 ● ジムに通うなど、日常的に体を鍛えている人。 ● 自分の限界を超えたいor新しい筋トレに挑戦してみたい人。	● これから体を本格的に鍛えたいと思っている人。 ● 筋トレの効果をあまり感じられていない人。

山本式は、かなりキツいですが、バルクアップの効果は十分です

筋トレを始めたばかりの人なら、オリジナルで腕試し！

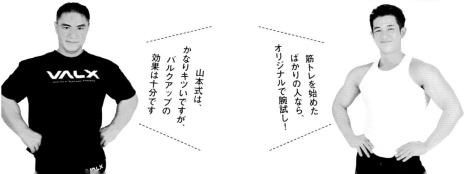

自重トレ編

腹を鍛える

<<< TARGET

腹筋の上部を鍛える！

シックスパックを構成する腹部のうち、上部の筋肉を集中的に鍛える種目。ポピュラーで取り組みやすい種目だが、山本式3/7法でキツさ＆効果アップ！ 15秒キープのときは、上体を起こしすぎないように注意する。

種目

クランチ

1 仰向けの姿勢でひざを曲げる

両手を頭にそえて腹に力を入れながら、肩から上を少しだけ浮かせる。

CHECK! 両脚をつけてつま先を上げる

2 腹に力を入れて肩を浮かせる

腹筋を使って背中を丸めるように肩を浮かせる。

CHECK! 肩甲骨が浮くところまで上げる

セット数
2セット

セット間インターバル
2分以上

15秒キープのやり方

1セット目も
2セット目も
「収縮」ポジションで
キープする！

7回 ← ○ ← 6回 ← ○ ← 5回 ← ○ ← 4回 ← ○ ← 3回 ＜ 回数

収縮で15秒キープ ＜ 1セット目 / 2セット目

15秒キープ

**両手をひざ側に伸ばして
肩を浮かせた姿勢をキープ！**

1&2セット共通

へそより上の筋肉を収縮させる！

2の姿勢から両手をひざ側に伸ばし、肩甲骨を浮かせた姿勢を維持する。15秒キープしたら、ゆっくりと1の姿勢に戻る。

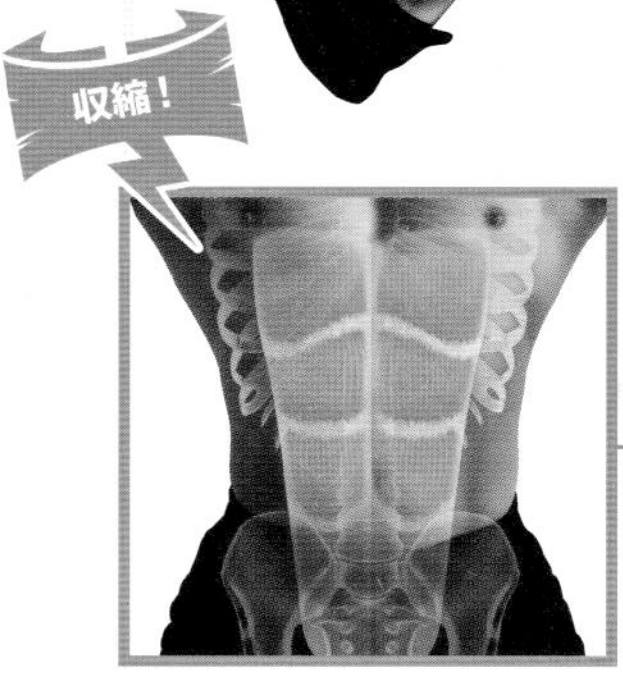

最後まで曲げ切らない姿勢を保つことで、腹筋上部をピンポイントに収縮させることができる。

EASY編

両手を頭にそえるやり方でキツい場合は、1と2の基本動作を、両腕を胸の前でクロスさせた状態で行うといい。頭にそえた腕の重みがなくなり負荷が小さくなる。15秒キープ時のポジションは、両手を頭にそえたときと同じ。

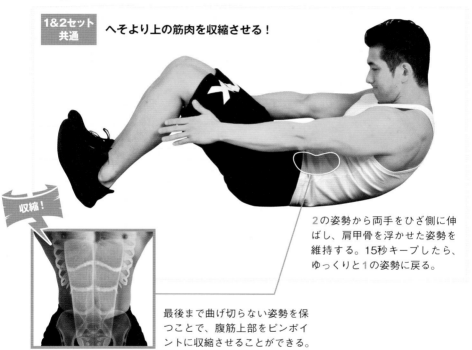

自重トレ編

腹を鍛える

種目

リバースクランチ

<<< TARGET

腹筋の下部を引き締める！

シックスパックを構成する腹筋下部の筋肉を集中的に鍛える種目。腹筋下部はポッコリお腹の原因となるだけに、きれいに腹筋を割りたい人はもちろん、ダイエット目的の人もしっかりと引き締めたい部位だ。

1 床に寝そべり ひざを曲げる

仰向けの姿勢でひざを曲げたまま、両手と両脚を床につける。両脚は開かず、くっつける。

CHECK!

目線は真上に向ける

CHECK!

腰まで浮かせる

2 腰に力を入れて 両脚を持ち上げる

腹に力を入れて、ひざを胸に引きつけるように脚を持ち上げる。両脚はくっつけたままの状態を維持する。

セット数

2セット

セット間インターバル

2分以上

15秒キープのやり方

1セット目も
2セット目も
「収縮」ポジションで
キープする！

7回 ← 6回 ← 5回 ← 4回 ← 3回 回数

収縮で15秒キープ　1セット目
　　　　　　　　　2セット目

15秒キープ

**腰を浮かせながら
ひざを垂直に持ち上げる！**

1&2セット共通　**へそより下の筋肉を収縮させる！**

2の体勢から両脚のひざを曲げ、上体を起こす。腰が床につかないように注意する。

HARD編

上のやり方がラクにできてしまう人は、2の脚を持ち上げる動作で、腰を浮かせると同時に、ひざをまっすぐに伸ばすと効果がアップする。

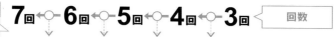

自重トレ編

胸を鍛える

種目

ワイド・プッシュアップ

<<< TARGET

大胸筋全体をデカくする！

ベンチプレスよりも自由度が高く、多くの筋肉を同時に鍛えることが可能な反面、フォームが崩れやすい点で注意が必要。「ストレッチ」と「収縮」の2つの姿勢で15秒キープを行い、化学的ストレスを与える。

1 手のひらとつま先で体を支える

通常のプッシュアップより手の位置を広くとり（肩幅より広くとる）、体をしっかり支えよう。

CHECK!
お尻が落ちないように
CHECK!
指先は外側に向ける

2 ひじを曲げて体をまっすぐ下ろす

体は1本の棒にするイメージでまっすぐに。あごが床に触れるか触れないかくらいまで深く下ろす。

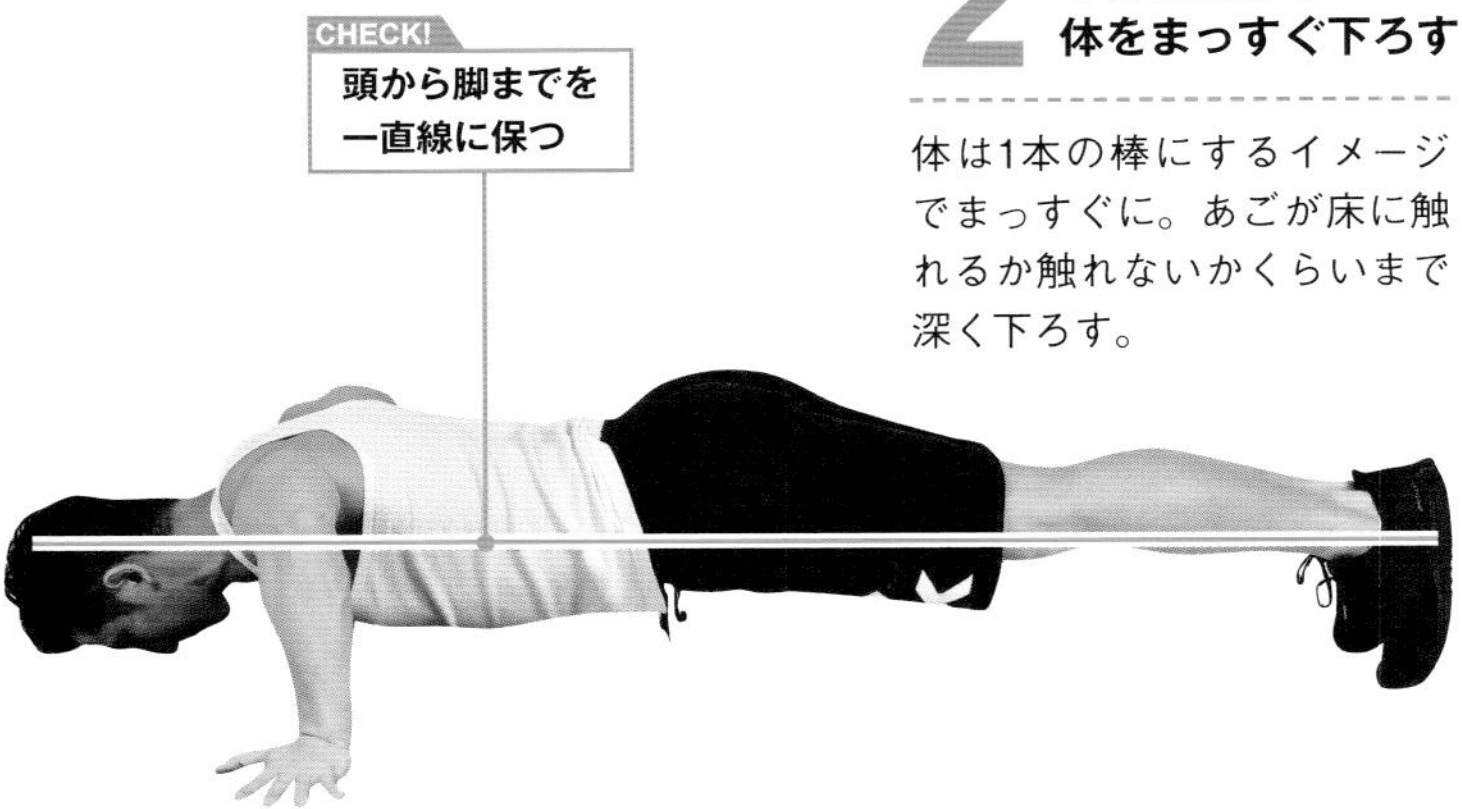
CHECK!
頭から脚までを
一直線に保つ

セット数

2セット

セット間インターバル

3分以上

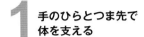

15秒キープのやり方

1セット目は「ストレッチ」、2セット目は「収縮」の順番で行う

回数：7回 ← 6回 ← 5回 ← 4回 ← 3回

1セット目：ストレッチで15秒キープ

2セット目：収縮で15秒キープ

15秒キープ

ひじの曲げ＆伸ばし姿勢で大胸筋に強烈に効かせる！

1セット目

ひじを曲げた状態でストレッチ

肩甲骨を大きく動かす意識で体を下ろし、2の姿勢で15秒キープ。大胸筋をまんべんなく伸ばす。

ストレッチ!
CHECK!
指先は外に向けたまま

2セット目

ひじを伸ばした状態で収縮

2セット目は1の姿勢で15秒キープする。お尻が落ちないように注意しつつ、大胸筋に意識を向けることを忘れずに。

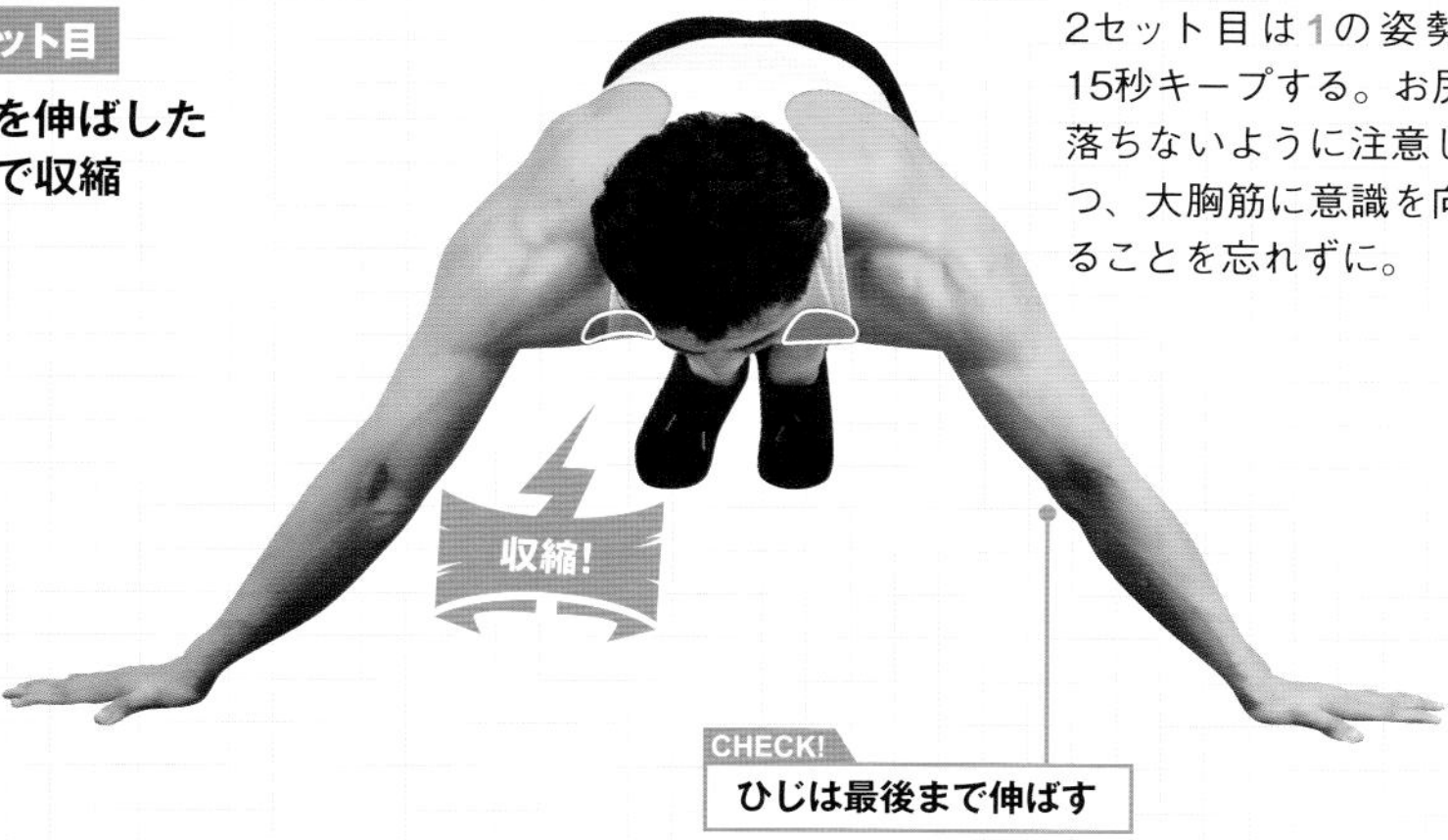
収縮!
CHECK!
ひじは最後まで伸ばす

自重トレ編

胸を鍛える

種目

ナロー・プッシュアップ

<<< TARGET

大胸筋の内側をデカくする！

見栄えの良い立体的な胸板をつくる上で欠かせない大胸筋の内側をピンポイントで鍛えるための種目。手を内側に入れるためバランスに注意する。腕の筋トレにならないように、胸部を常に意識する。

1 手の幅を狭くして体を支える

胸の前に手を置き、プッシュアップの姿勢をとる。

CHECK! お尻が落ちないように

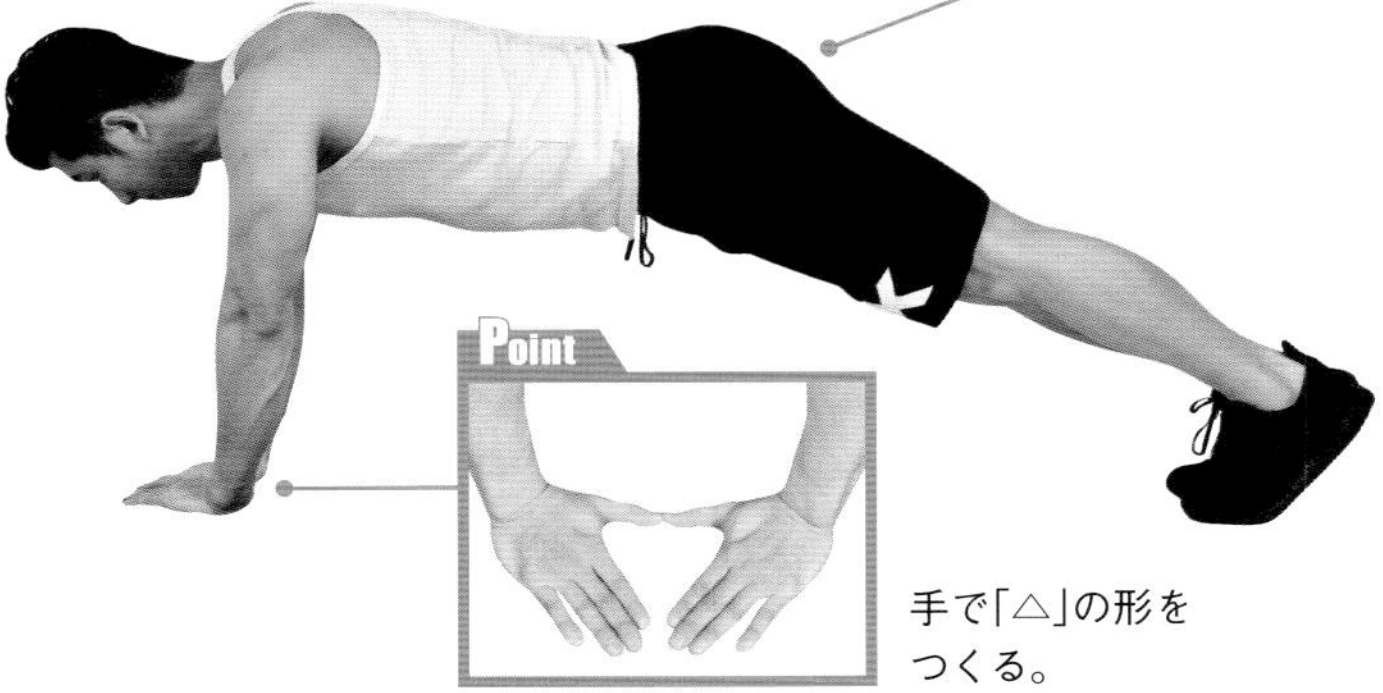

Point

手で「△」の形をつくる。

2 ひじを曲げて体をまっすぐ下ろす

体を床につくか、つかないかのギリギリまで下ろす。

CHECK! 頭から脚までを一直線に保つ

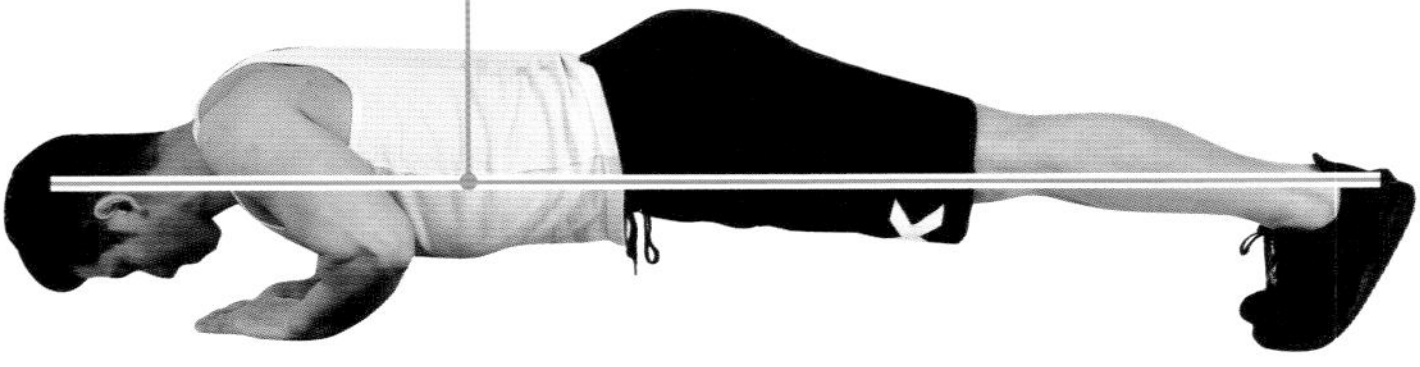

セット数
2セット

セット間インターバル
3分以上

15秒キープのやり方

1セット目は「ストレッチ」、2セット目は「収縮」**の順番で行う**

7回 ← 6回 ← 5回 ← 4回 ← 3回 ＜ 回数

ストレッチで15秒キープ ＜ 1セット目

収縮で15秒キープ ＜ 2セット目

15秒キープ

ひじの曲げ＆伸ばし姿勢で大胸筋の内側を刺激する！

1セット目

ひじを曲げた状態でストレッチ

ストレッチ!
CHECK!
脇は締めない

ひじを曲げて、床に額がつくギリギリの距離まで体を下ろし、2の姿勢をキープする。

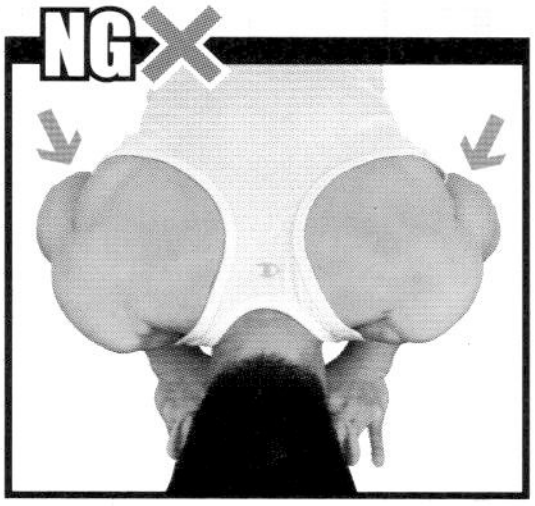
NG ✕

ひじを曲げるときに脇を締めると大胸筋ではなく、上腕三頭筋のトレーニングになってしまうので注意する。

2セット目

ひじを伸ばして大胸筋の内側を収縮させる！

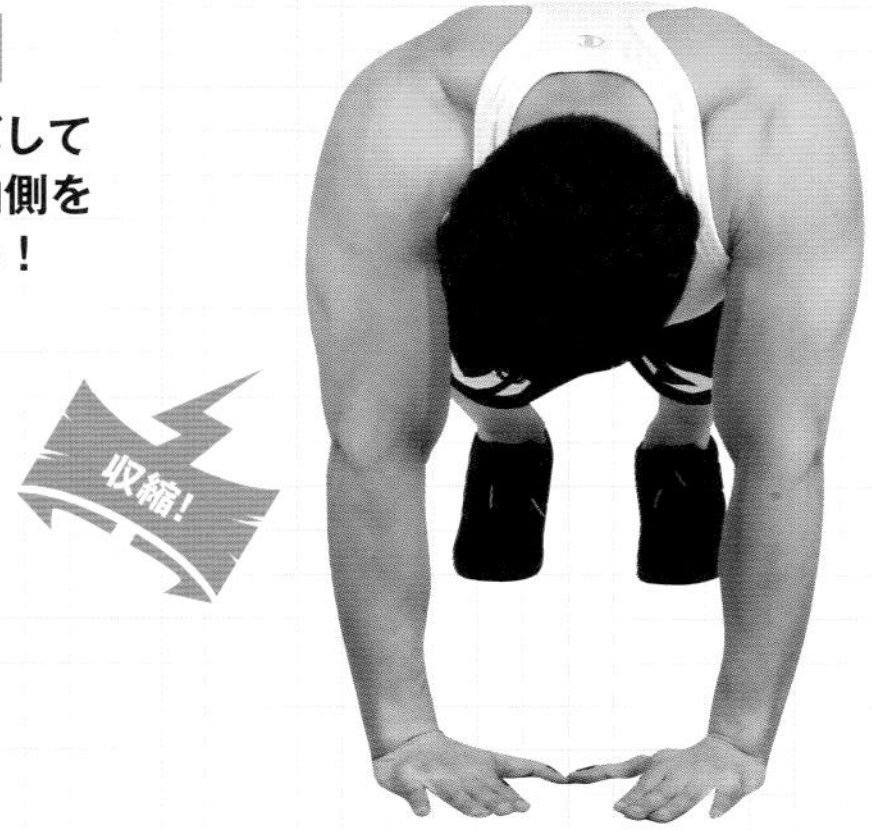
収縮!

2セット目はひじを最後まで伸ばした姿勢でキープ。バランスがとりにくければ、手の位置を少し広げてもOK。

<<< TARGET

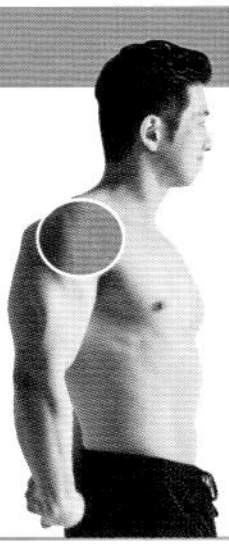

肩の前と横をデカくする！

盛り上がった「メロン肩」をつくるのに必要な三角筋の前部と中部を中心に鍛える種目。槍（パイク）のように腰を高く上げたスタートポジションから頭をやや斜めに下ろすのが動作＆効果アップのコツ。

自重トレ編

肩を鍛える

種目

パイクプレス

1 四つん這いになり、腰を高く持ち上げる

四つん這いの姿勢から腰を槍のように高く上げて「への字」の姿勢をつくる。

CHECK!
脚をそろえてかかとを上げる

2 ひじを曲げて頭を下ろす

腰を上げたまま、ひじを曲げて頭を斜め前に下ろす。

CHECK!
おでこはギリギリまで床に近づける

セット数
2セット

セット間インターバル
2分以上

15秒キープのやり方

1セット目は「ストレッチ」、2セット目は「収縮」**の順番で行う**

7回 ← 6回 ← 5回 ← 4回 ← 3回 ＜ 回数

1セット目	ストレッチで15秒キープ
2セット目	収縮で15秒キープ

15秒キープ

両腕で体を支えて三角筋の前部と中部に効かせる！

1セット目

ひじを曲げた状態で三角筋をストレッチ

CHECK! **腰が落ちないように**

ひじを深く曲げた2の姿勢をキープする。三角筋の前部と中部をしっかり伸ばそう。

2セット目

ひじを伸ばした状態で三角筋を収縮する！

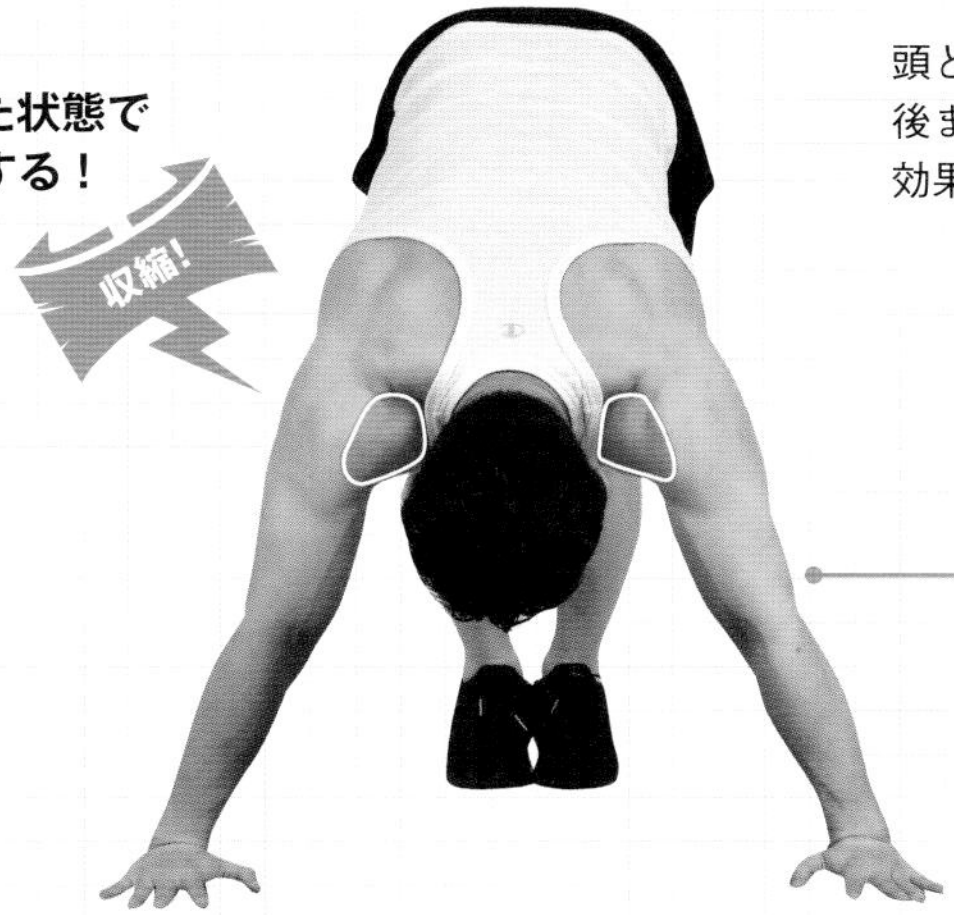

頭と腰を上げ、ひじを最後まで伸ばすと三角筋を効果的に収縮できる。

CHECK! **ひじは最後まで伸ばす**

自重トレ編

肩を鍛える

種目

マニュアル・サイドレイズ

<<< TARGET

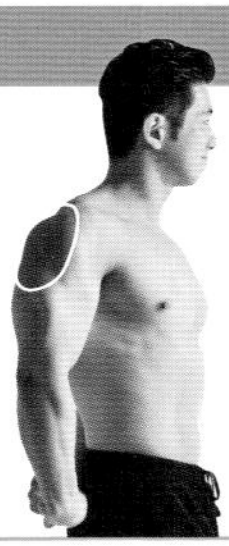

肩の横をデカくする！

鍛えたい側とは反対側の腕を重りに使うサイドレイズ。負荷をかけた腕を上下に動かしながら三角筋の中部を優先的に狙う。負荷のかけ方は自分の頑張り次第なので、最後まで手を抜かず、全力を出し切ること。

1 左手で右手首をおさえ、強く負荷をかける

鍛えたい肩側（この場合は右肩）の腕を体幹部につけたら、反対側の手（左手）で右手首をつかみ、体側に引っぱるように負荷をかける。

CHECK!

肩を支点に弧を描くように持ち上げる

2 左手で負荷をかけたまま、右腕を肩の高さまで持ち上げる

左手の負荷に抵抗しつつ、右腕を横に開きながら持ち上げる。肩の高さまで持ち上げたら、左手で負荷をかけながら、ゆっくりと腕を下ろしていく。

NG ×

腕と一緒に肩も上がってしまうとスムーズに動かせない。

セット数
左右各2セット
セット間インターバル
2分以上

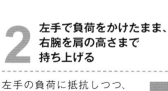

15秒キープのやり方

1セット目は「ストレッチ」、2セット目は「収縮」**の順番で行う（左右2セットずつ）**

7回 ← 6回 ← 5回 ← 4回 ← 3回　回数

ストレッチで15秒キープ　1セット目

収縮で15秒キープ　2セット目

15秒キープ

片腕の力に抗いながら三角筋のサイドを刺激！自分に甘えず、全力で負荷をかけろ!!

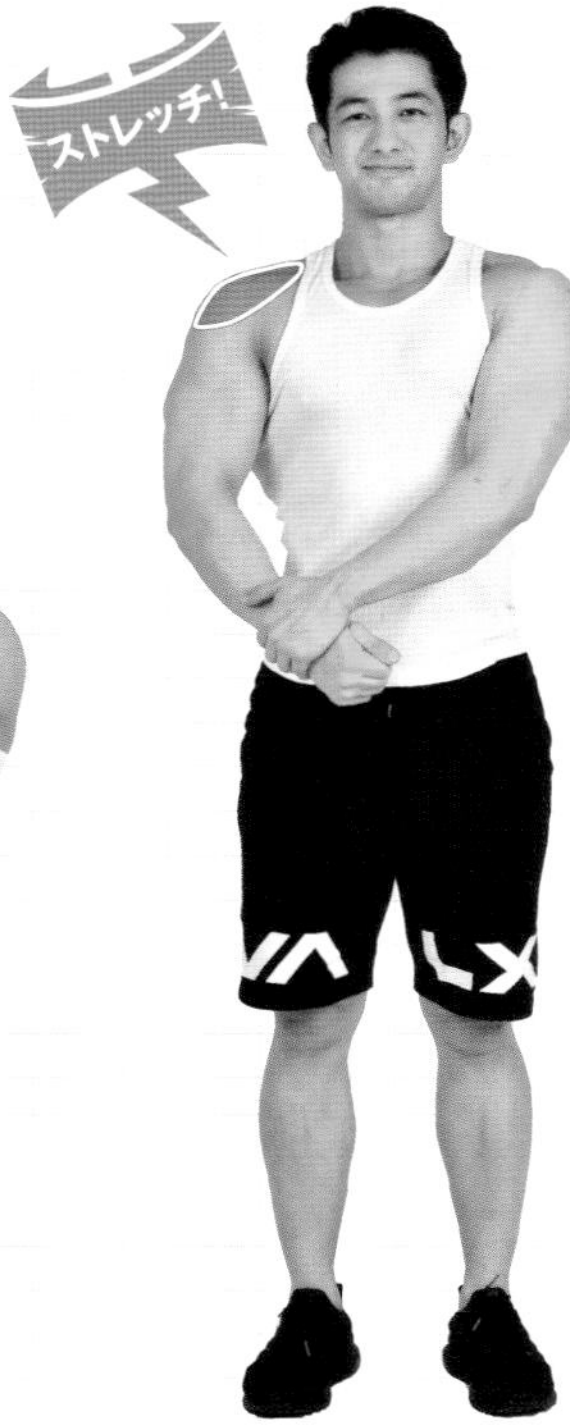

1セット目

腕を下げた状態でキープ！

左手を重りにしながら、体幹部につけたままの右腕を外に広げるように力を入れることで、肩の横側にストレッチ状態の負荷をかけられる。

2セット目

腕を横に突き出した状態でキープ！

CHECK!

親指を上に向けておく

右腕を横に開いて体幹部との角度を90度に保つ。左手は右手首をおさえたままにし、上から負荷をかけ続ける。これで三角筋の中部が収縮した状態になる。

2セット終わったら反対の手も同じように行う

自重トレ編
背 を鍛える

<<< TARGET

逆三角形のシルエットをつくる①

テーブルを使って行うローイング。端をつかんで体を持ち上げる動作が広背筋、僧帽筋、大円筋など背中全体に強い刺激を与える。テーブルがしっかり固定されているか確認してから行うこと。

種目

テーブルロウ

1 テーブルの端を両手でつかむ

テーブルの下にもぐりこんで端を両手でつかむ。手は肩幅よりもやや広めにとる。

CHECK!
グラグラしない固定されたテーブルを選ぶ

2 ひじを曲げて体を引き上げる

ひじを曲げて胸とテーブルが近づくように身体を上げる。ポイントは背中の筋肉を常に意識すること。

CHECK!
胸をテーブルに引き寄せる

セット数
2セット

セット間インターバル
3分以上

15秒キープのやり方

1セット目は「収縮」、2セット目は「ストレッチ」の順番で行う

7回 ← 6回 ← 5回 ← 4回 ← 3回　回数

収縮で15秒キープ　1セット目

ストレッチで15秒キープ　2セット目

15秒キープ

腕の力に頼らずに背中全体に効かせる意識を持って！

1セット目　体を引き上げた状態で背中の筋肉を収縮！

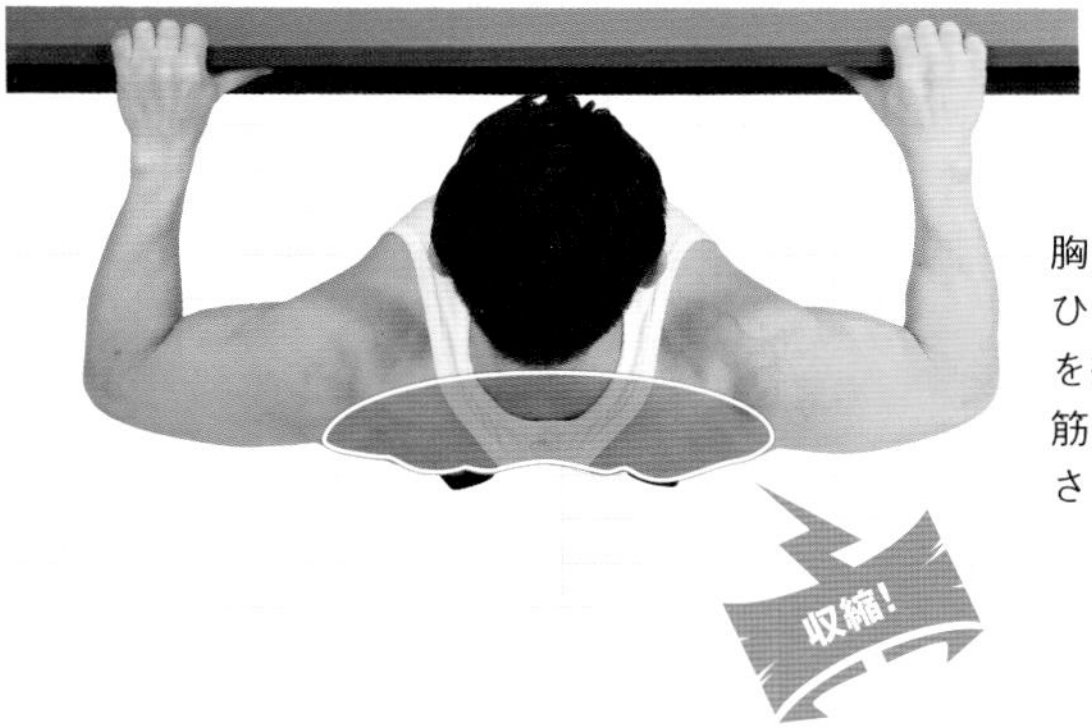

胸を少し反らす意識で、ひじを曲げた2の姿勢を維持すると、背中の筋肉がしっかりと収縮される。

2セット目　ひじを伸ばした状態で背中の筋肉をストレッチ！

CHECK!
ひじは少し曲げる

2の姿勢からゆっくりとひじを伸ばして、テーブルにぶら下がるようにして背中の筋肉を伸ばす。

自重トレ編

背を鍛える

種目

サイドウォール・プルオーバー

<<< TARGET

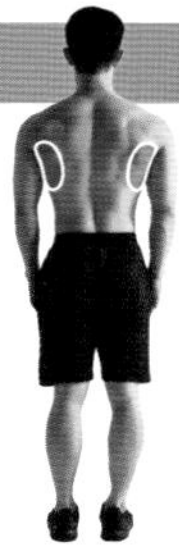

逆三角形のシルエットをつくる②

壁を使ったプルオーバー。壁に手を当てて高い位置から腕を上下に動かすことで、背中の筋肉を外側から盛り上げる「大円筋」を集中的に刺激できる。普通の筋トレでは鍛えにくい部位なので丁寧に行おう。

1 手を伸ばして壁に寄りかかる

壁に対して横向きに立ち、ひじを伸ばして寄りかかる。

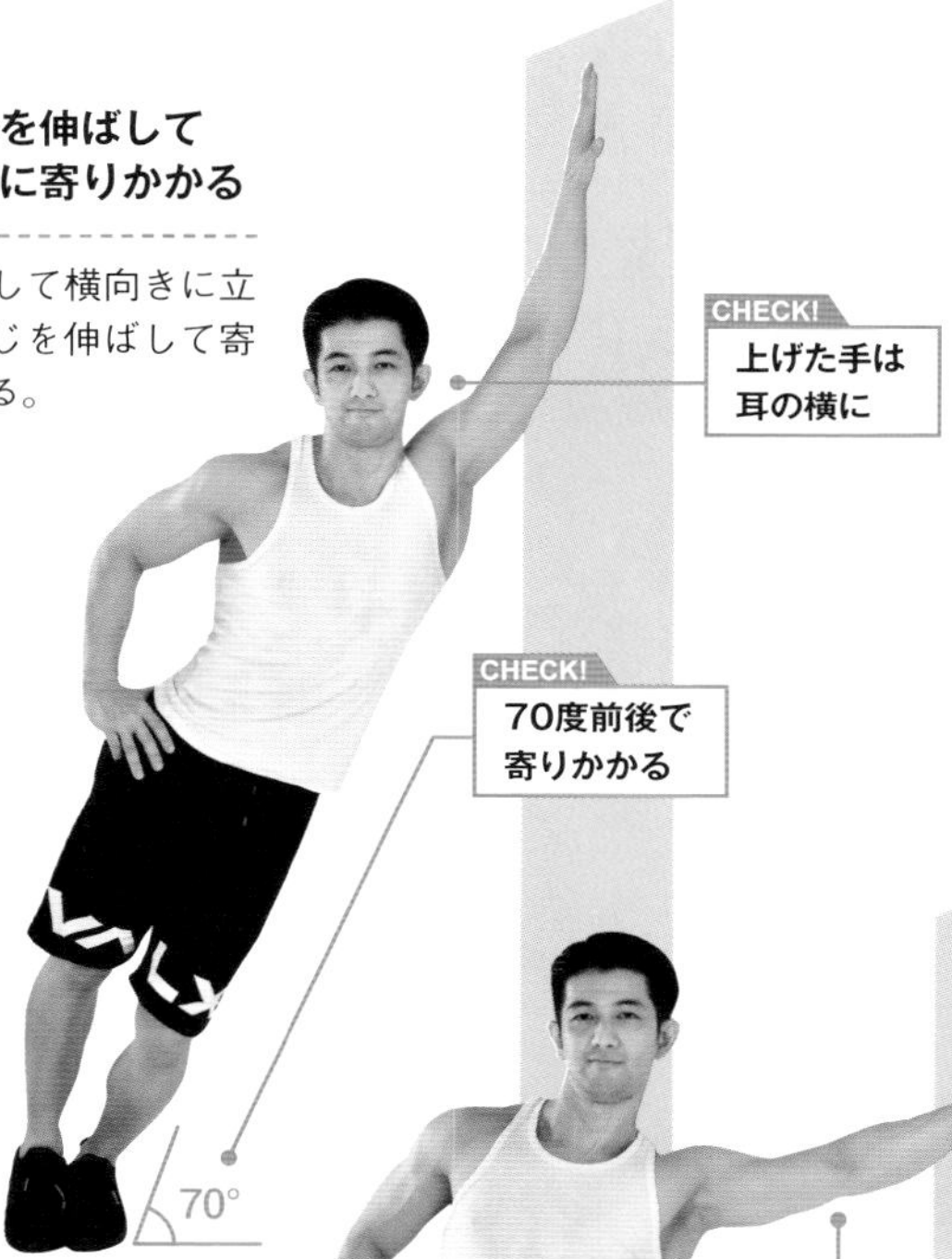

CHECK!
上げた手は耳の横に
CHECK!
70度前後で寄りかかる
70°

2 壁に当てた手を下ろしていく

壁に当てたままの手を、肩より少し上の高さまで下ろす。手は壁を滑らせるイメージで動かそう。

CHECK!
ひじは曲げない

セット数
左右各2セット

セット間インターバル
3分以上

15秒キープのやり方

1セット目も
2セット目も
「ストレッチ」
ポジションで行う
（左右2セットずつ）

回数	7回	6回	5回	4回	3回
1セット目	ストレッチで15秒キープ				
2セット目	ストレッチで15秒キープ				

15秒キープ

壁に寄りかかって、背中の外側の筋肉を伸ばす！

1&2セット共通

手を上げた状態でストレッチ

脇の裏側を伸ばす感覚で手を伸ばし、ストレッチポジションを維持すると、狙い通りに背中の外側に刺激が与えられる。

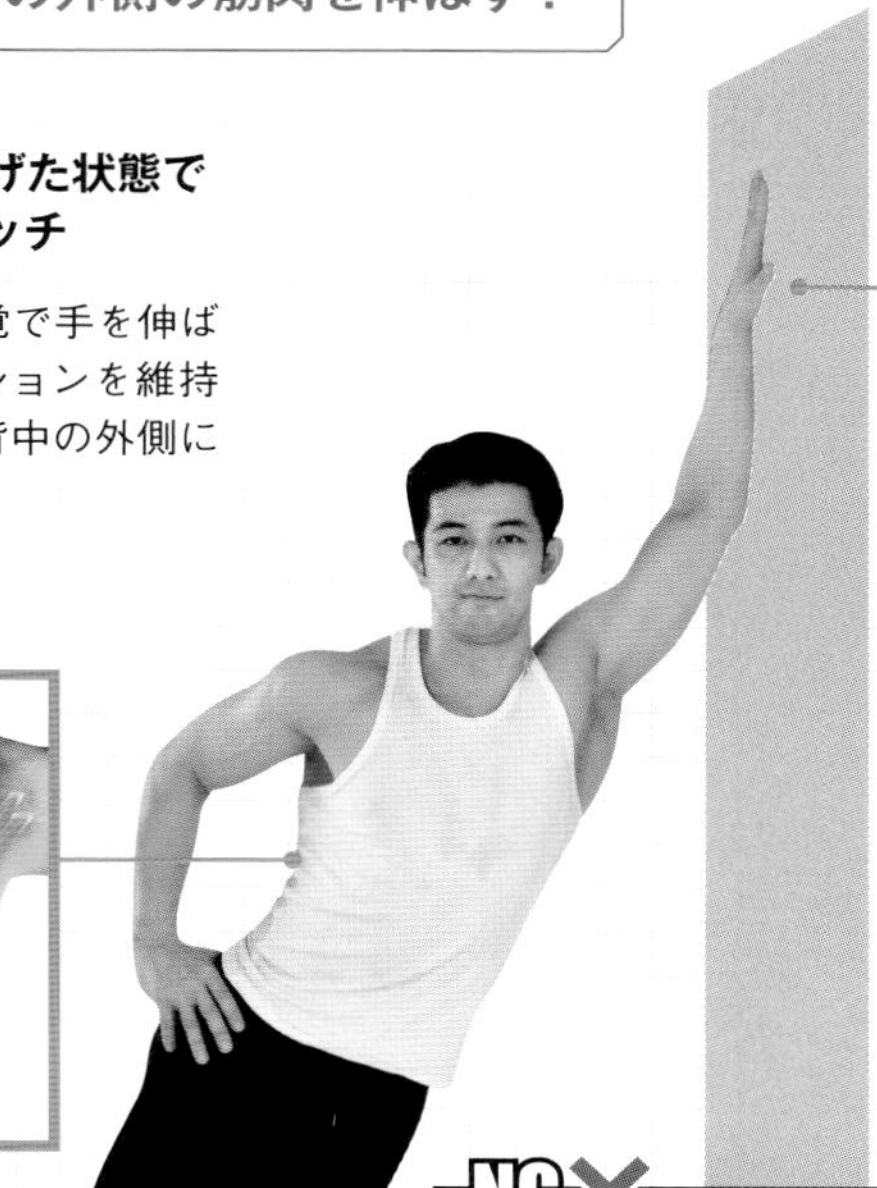

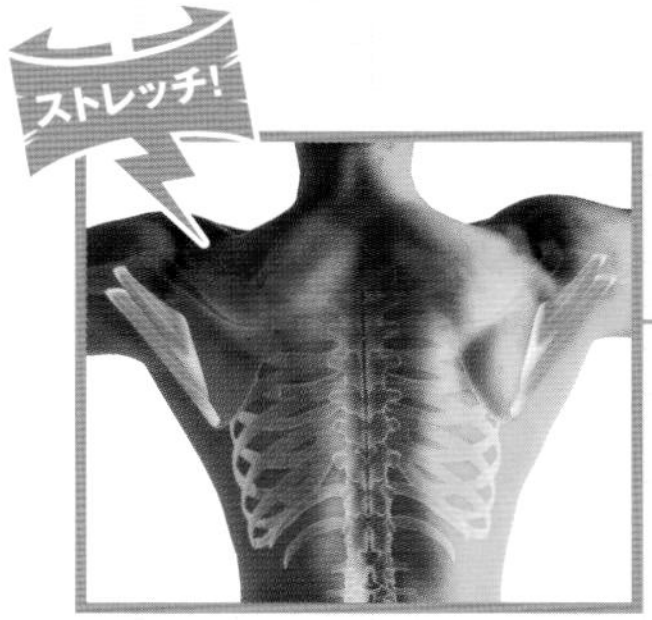

ひじをできる限り伸ばした姿勢をキープすることで、自重トレーニングでは鍛えにくい大円筋をピンポイントにストレッチできる。

Point

手を動かすときに壁に擦れて痛くなるなら、タオルや軍手を使うといい。

NG✕

手を動かすときにひじが曲がると背中に負荷がかからず、効果が得られない。

2セット終わったら反対の手も同じように行う

自重トレ編

腕を鍛える

<<< TARGET

男らしい力こぶをつくる①

かっこいい腕に必要な上腕三頭筋を重点的に鍛え、太くするプッシュアップ。胸部を鍛えるバージョン(52ページ)よりも、手の幅を広くとり、ひじを曲げるときは脇を締めて行うのが効果アップのコツ。

種目

ナロー・プッシュアップ

1 プッシュアップの姿勢をとる

手を肩幅に広げて、かかとを持ち上げる。

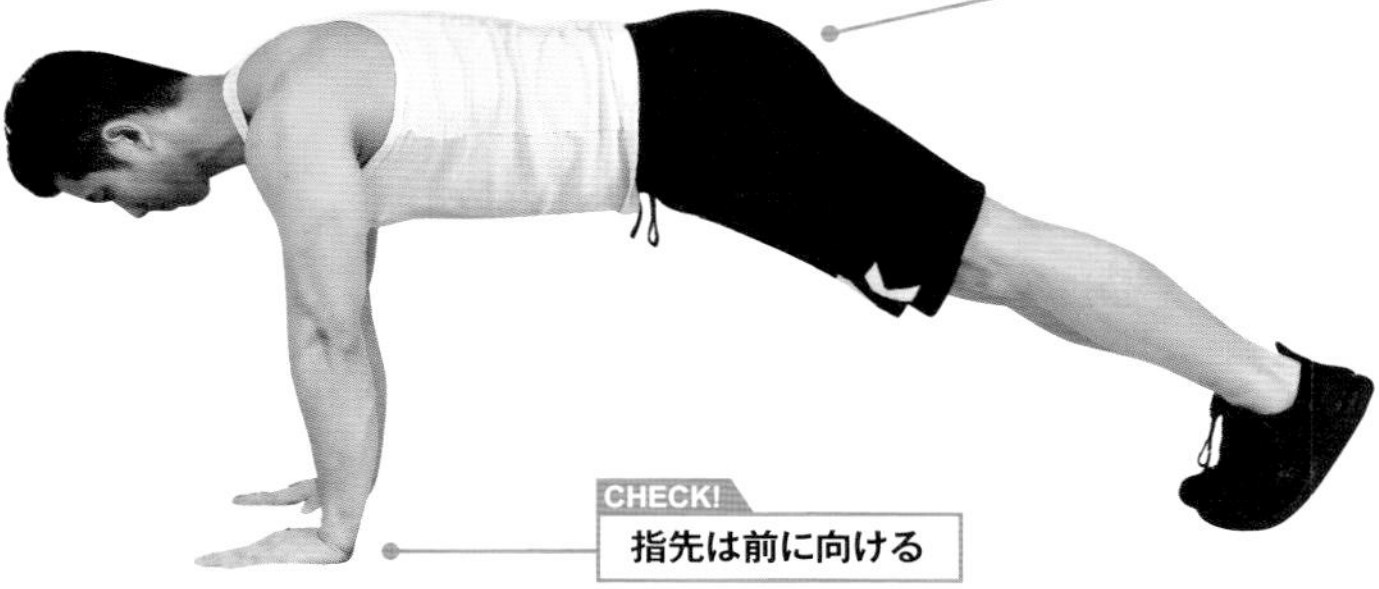

CHECK! お尻が落ちないように

CHECK! 指先は前に向ける

2 ひじを曲げて体を垂直に下ろす

体を1本の棒のようにまっすぐに固定したまま、ひじを曲げて体を垂直に下ろす。

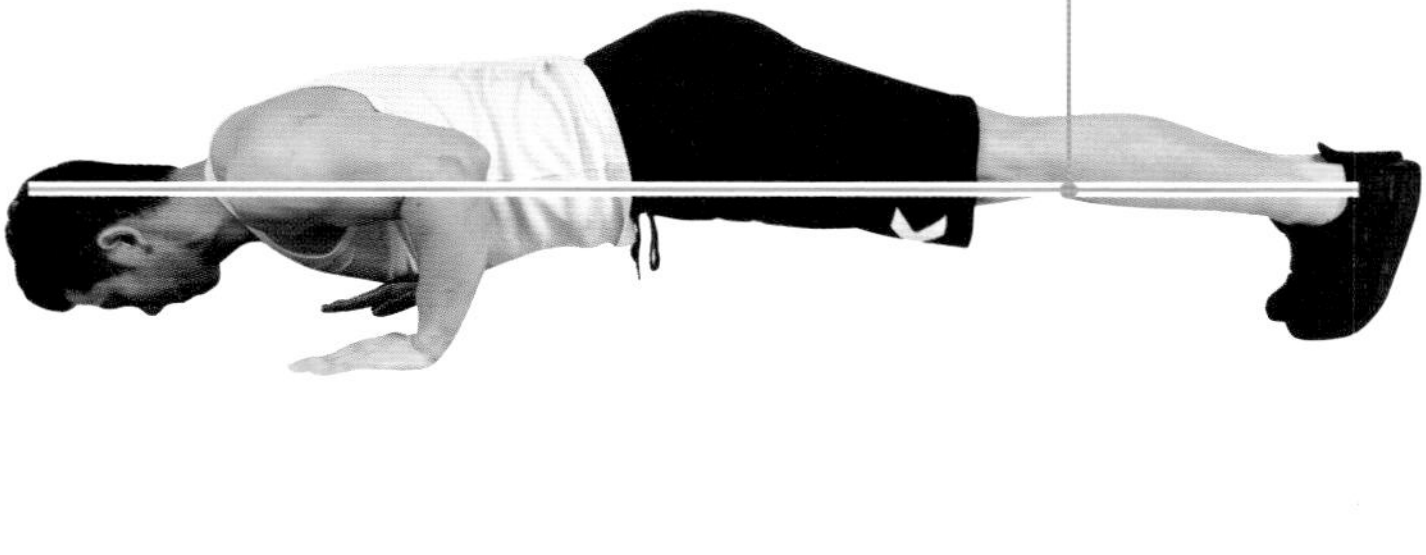

CHECK! 頭から脚までを一直線に保つ

セット数
2セット

セット間インターバル
2分以上

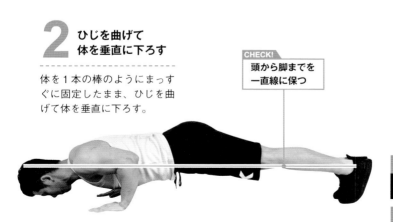

15秒キープのやり方

1セット目は「ストレッチ」、2セット目は「収縮」の順番で行う

7回 ← 6回 ← 5回 ← 4回 ← 3回　回数

ストレッチで15秒キープ　1セット目

収縮で15秒キープ　2セット目

15秒キープ

脇を締めたプッシュアップで上腕三頭筋を攻める！

1セット目

ひじを曲げた状態でストレッチ

脇を締めながらひじを曲げた2の姿勢でキープすることで、上腕三頭筋が極限までストレッチされる。

NG✕

ひじが外を向くと大胸筋に効いてしまう。

2セット目

ひじを伸ばして収縮させる！

CHECK!

ひじは最後まで伸ばす

2の動作からひじを伸ばし、体を持ち上げた状態でキープ。

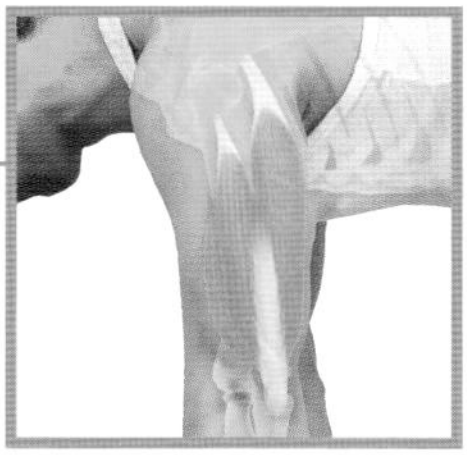

上腕三頭筋周辺で体重を支えているのを感じながら収縮させる。

自重トレ編

腕を鍛える

種目

テーブル・カール

<<< TARGET

男らしい力こぶをつくる②

「力こぶ」に必要な上腕二頭筋を鍛える種目。背中を鍛えるテーブルロウ(58ページ)とは異なり、台を逆手でつかむのが大きな特徴。脇を締めて行うことで、上腕二頭筋を的確に刺激できる。

1 テーブルの下にもぐり端を両手で握る

安定したテーブルの下にもぐって仰向けになり、端を逆手で握る。ひじを少し曲げ、体を浮かせる。

Point

逆手で握る手は肩幅にとろう。

2 ひじを曲げて体を持ち上げる

腕の力で頭と肩をテーブルに寄せていく。反動に頼らず、腕の力を使うのがポイント。

CHECK!

反動はつけない

セット数

2セット

セット間インターバル

2分以上

15秒キープのやり方

1セット目は「収縮」、2セット目は「ストレッチ」の順番で行う

7回 ← 6回 ← 5回 ← 4回 ← 3回 ＜ 回数

収縮で15秒キープ ＜ 1セット目

ストレッチで15秒キープ ＜ 2セット目

15秒キープ

力こぶへの刺激を感じながら ひじの曲げ＆伸ばし姿勢を維持！

1セット目　ひじを曲げた状態で上腕二頭筋を収縮

「テーブル・カール」の「カール」は「巻き上げる」の意味。力こぶが収縮されて、盛り上がるのを感じながら、2の姿勢をキープ。腕の力だけで体を固定する。

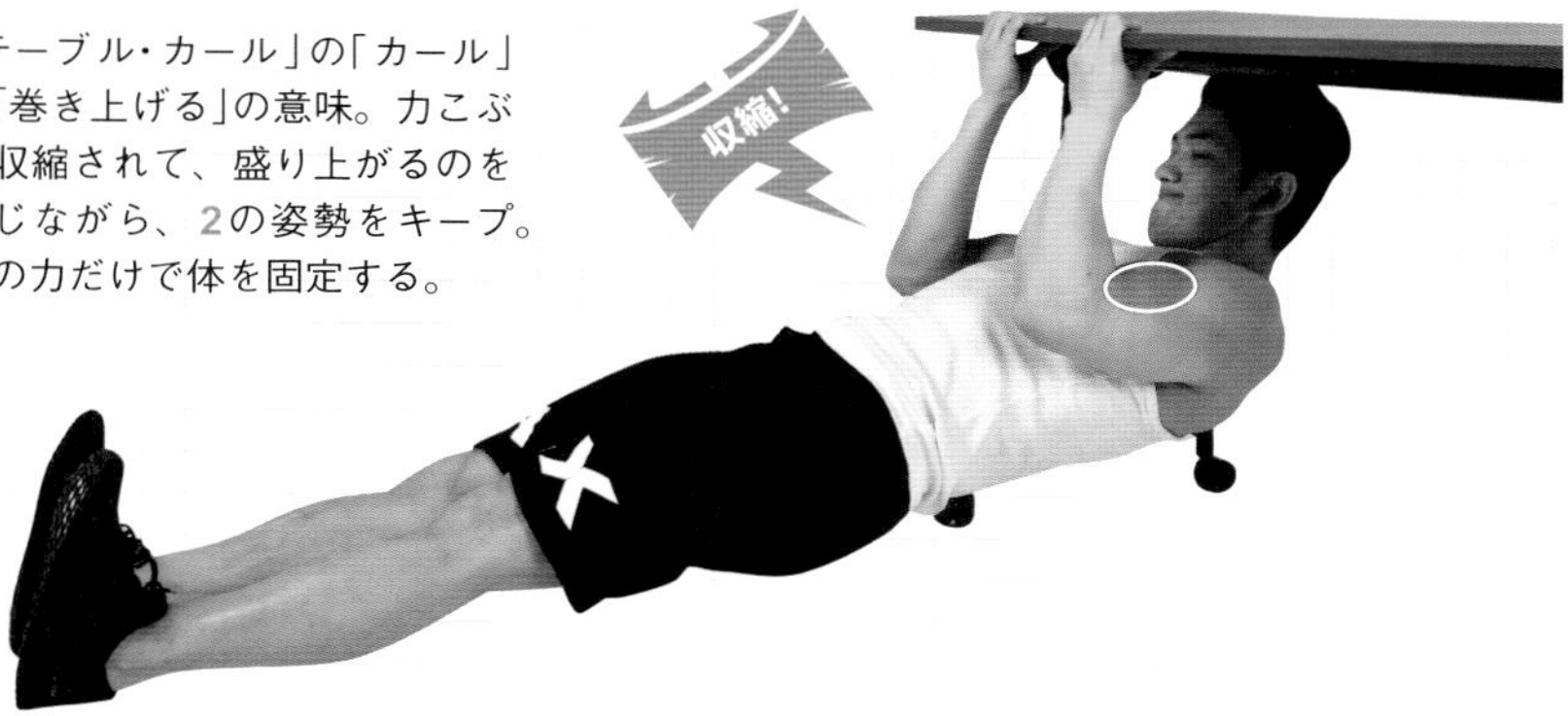

2セット目　ひじを伸ばした状態で 上腕二頭筋をストレッチ

2セット目は、1の姿勢のまま、上腕二頭筋にストレッチによる負荷を加えていく。ひじは伸ばしきらないポジションで固定するのがポイント。

CHECK!
ひじを少し曲げる

自重トレ編

脚を鍛える

<<< TARGET

脚の筋肉を頑丈にする①

「しゃがむ」「立つ」というタテに大きい動作を脚幅を広くとりながら行うことで、大腿四頭筋、ハムストリングなどの脚部全体を最大刺激。曲げ伸ばしの際は、ひざが前に出すぎないように注意してケガを防ぐ。

種目

ワイドスクワット

1 両脚を広げてまっすぐ立つ

両脚を肩幅の2倍程度に開いてまっすぐに立つ。

CHECK! **つま先は斜め前に向ける**

CHECK! **両手を頭に軽くそえる**

2 ひざを曲げながら体を垂直に下ろす

背中が丸くならないように注意しながら、四肢を踏むように深くしゃがむ。

CHECK! **ひざをつま先の前に出さない意識で腰を下ろす**

セット数	セット間インターバル
2セット	3分以上

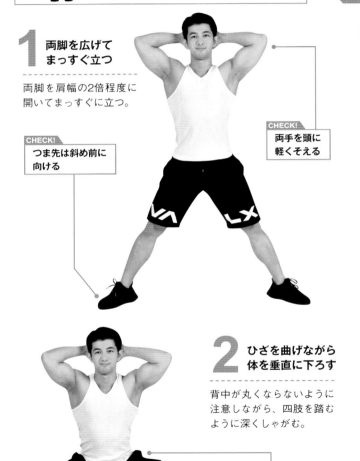

15秒キープのやり方

1セット目は「ストレッチ」、2セット目は「収縮」の順番で行う

回数：7回 ← 6回 ← 5回 ← 4回 ← 3回

1セット目：ストレッチで15秒キープ

2セット目：収縮で15秒キープ

15秒キープ

ひざを深く曲げた姿勢＆まっすぐ伸ばした姿勢でキープ！

1セット目

ひざを曲げた状態でストレッチ

2の姿勢をキープ。ひざを曲げる動作で使われる大腿四頭筋と、臀部の筋肉を伸ばす際に用いられるハムストリングが効率よくストレッチされる。

CHECK!
ひざはつま先よりも前に出しすぎないように

2セット目

ひざを伸ばして太ももを収縮！

2の動作からまっすぐ体を立てる。重力に逆らって立つだけでも筋肉は収縮される。背中が丸くならないように注意しよう。

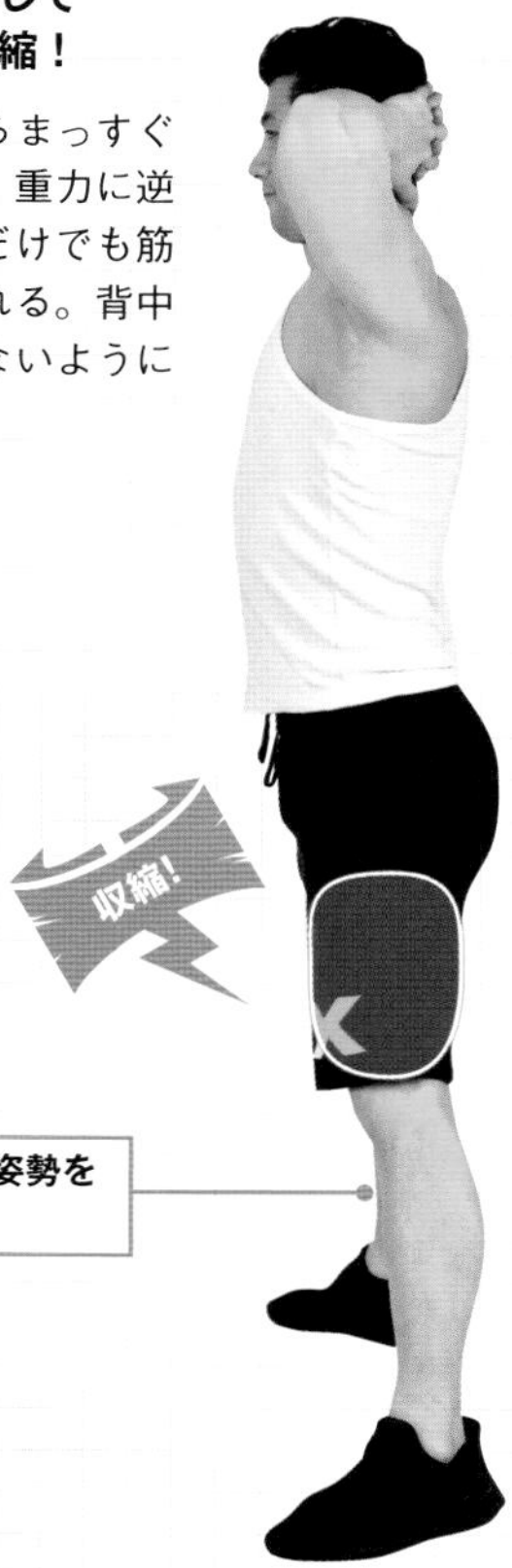

CHECK!
まっすぐな姿勢を維持する

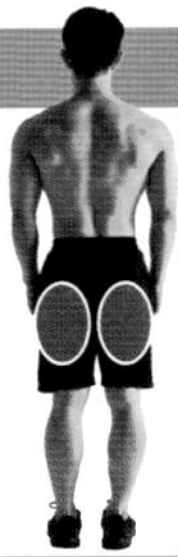

<<< TARGET

脚の筋肉を頑丈にする②

太ももの裏側にあるハムストリングを引き締める種目。意識すべきは宙に浮かせた脚よりも、床についている側の脚。腰を高く浮かせることで、臀部が収縮されるため、ヒップアップ効果も期待できる。

種目

ワンレッグ・ヒップリフト

1 片ひざを曲げた姿勢で もう片方の脚を持ち上げる

仰向けの姿勢で、鍛えたい側の脚(この場合は左脚)のひざを曲げて床につける。もう片方の脚(右脚)は宙に浮かせる。

2 腰を浮かせて 片脚を斜め上に伸ばす

腰をできるだけ高く上げて、体幹部が一直線になるように右脚を斜め上に向かってまっすぐ伸ばす。

セット数
左右2セット

セット間インターバル
3分以上

15秒キープのやり方

1セット目も
2セット目も「収縮」
ポジションで行う
（左右2セットずつ）

7回←○−6回←○−5回←○−4回←○−3回 ＜ 回数

収縮で15秒キープ ＜ 1セット目 / 2セット目

15秒 キープ

**片方の脚を上げて伸ばし、
腰をできるだけ高く浮かせよう！**

1&2セット 共通

**腰を浮かせた状態で
太ももの裏とお尻を収縮！**

上げた脚（この場合は右脚）を斜め上にまっすぐ伸ばし、腰を浮かせた2の状態で15秒キープする。

浮かせた脚を高く上げても、腰が落ちていたら効果は得られない。

腰を浮かせることに意識を向け、片脚をまっすぐに伸ばす。これで床につけた脚のハムストリングから臀部の筋肉がしっかり収縮される。

2セット終わったら反対の脚も同じように行う

筋肉博士のQ&A Column

Q 器具を使わなくても、バルクアップできますか？

A できます！

ダンベルなどの器具を使ったトレーニングには負荷の面で及ばないものの、自重がメインのトレーニングでも、かなり高いレベルまで筋肉を増やすことができます。

まず、自重トレーニングには、器具を使ったトレーニングにはないメリットがあります。例えばベンチプレスとプッシュアップを比べると、ベンチプレスは脚と背中をシートにつけて固定するのに対して、プッシュアップは床に接地・固定しているのは両手足だけです。そのため、**動作の軌道の自由度が高く、フォームの維持に多くの筋肉を動員する必要があります。**つまり、器具よりもいろいろな部位にストレスを加えられるということです。

また、腹の筋肉を対象とするクランチや脚の筋肉を対象とするスクワットで器具を用いると、使う器具に意識が向いてしまうことがありますが、自重トレーニングではフォームや対象の筋肉に集中できるというメリットがあります。

自重トレーニングは、動きの自由度が高い分、正しいフォームで行うことが求められますが、その点に気をつければ、必ず効果を得ることができます。

CHAPTER 4

高負荷&高効率！山本式3／7法「器具トレ編」

トレーニングの幅がさらに広がる！
フリーウエイト中心の20種目を紹介。

第4話 限界突破に挑め！超キツい！器具トレ編

お疲れさまでした!!
自重トレーニングは以上です
フゥ〜
ん？
先生！「自重トレーニングは」ってことは器具を使ったトレーニングもあるんですか？
もちろん！
ダンベルやベンチ
アブローラーやチューブを使った3/7法もとても効果的ですよ！
なるほど！いろいろあるんですね

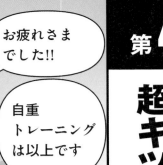

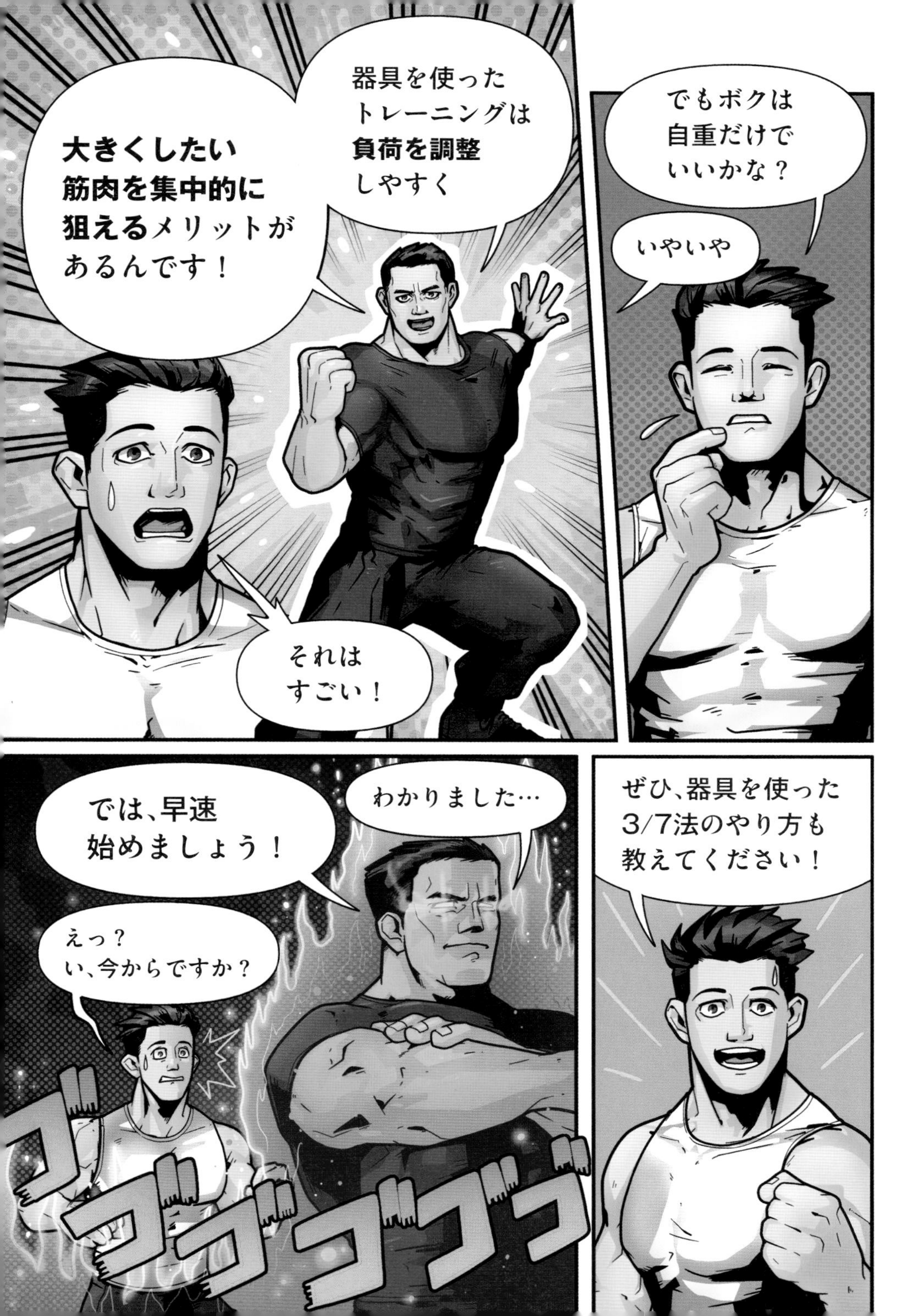
でもボクは自重だけでいいかな？
いやいや
器具を使ったトレーニングは負荷を調整しやすく
大きくしたい筋肉を集中的に狙えるメリットがあるんです！
それはすごい！
ぜひ、器具を使った3/7法のやり方も教えてください！
わかりました…
では、早速始めましょう！
えっ？い、今からですか？
ゴゴゴゴゴ

器具トレ編

Rule
［ルール1］

器具トレのマストアイテム！ダンベルの選び方・使い方

様々な種目に活用できる！

ここからは器具を使って行う山本式３／７法のやり方を紹介していきます。

器具を使ったトレーニングには「フリーウエイトトレーニング」と「マシントレーニング」の２種類がありますが、本書では、マシンよりも場所を選ばずに行える「フリーウエイト」の種目を解説していきます。

なお、ここで紹介する種目では、いくつかの器具を使っていきますが、特に多く用いられるのがダンベルです。じつは、**ダンベルとベンチさえあれば、体のほとんどの部位はマシンに頼らずに鍛えることができます。**

ここで紹介している内容を参考に、しっかりとダンベルの使い方を覚えて、安全にトレーニングに励みましょう！

■ダンベルの選び方

ダンベルは、山本式3/7法の器具トレのなかで使用頻度が高く、優先的に用意したい器具。本書では、重量を切り替えやすいアジャスタブル（可変式）ダンベルを使用した。

Point

- ☑ 最低でも片方で20kg程度はあるといい。
- ☑ 重量を**簡単に変えられる**ものがオススメ。（通常のダンベルよりも、収納が容易で、コストパフォーマンスに優れる）

ダンベルは、持つところを「シャフト」、重りの部分を「プレート」という。また、プレートが落ちないように固定するための部品は「カラー」という

■ダンベルの取り扱い方

他人にも自分にもケガをさせないよう、ダンベルの扱いには細心の注意を払おう。特に多いのは、持ち運び時に腰を痛める人。正しい持ち上げ方を覚えてケガを防ごう。

アジャスタブルダンベルの調整例（※）

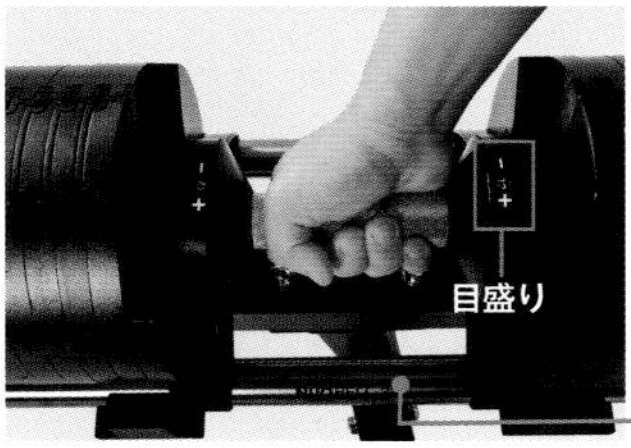

1

シャフトを回して使用したい重量に目盛りを合わせる。

専用のラック（固定台）にダンベルを置いて行う

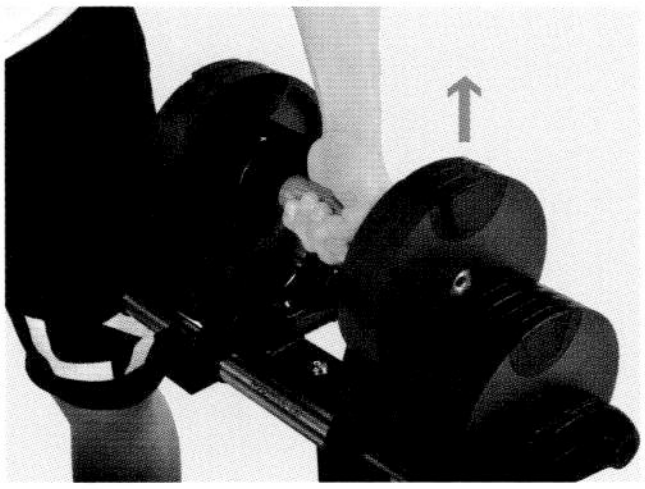

2

ラックから引き抜くと、目盛りの重さのプレートがついてくる。

※調整方法は製品によって違うので、取り扱い説明書に従う。

ダンベルの持ち上げ方

重いダンベルを持ち上げるときは必ずひざを曲げよう。ひざを伸ばしたまま腰を曲げて持ち上げると腰を痛める可能性があるので注意！

器具編

Rule

［ルール2］

トレーニングの幅が広がる！揃えておきたいアイテム4選

目的に応じて使い分けよう！

本書では、ダンベルのほかにもベンチ、チューブ、アブローラー、バランスボールの４つの器具を使った山本式３／７法の種目を紹介しています。

この４つの器具は、どれも「自宅に置ける」「比較的安価」というメリットがあり、自重トレーニングよりも「負荷の調整が簡単に行える（強くできる）」ものもあるので、リーズナブルなものでも用意しておくとトレーニングの幅がグンと広がることは間違いありません。

このページでは、これらの器具の特徴、選び方、使い方について説明します。目的に応じた最適なトレーニングを行うためにも、ぜひ覚えておきましょう。

■アジャスタブルベンチの選び方

可変式のアジャスタブルベンチは、シートの角度を細かく設定できるものが使いやすい。

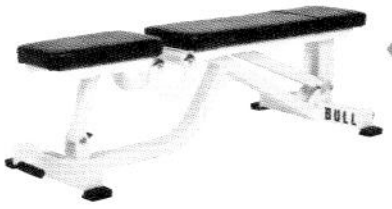

背もたれの角度を床と平行にした状態。

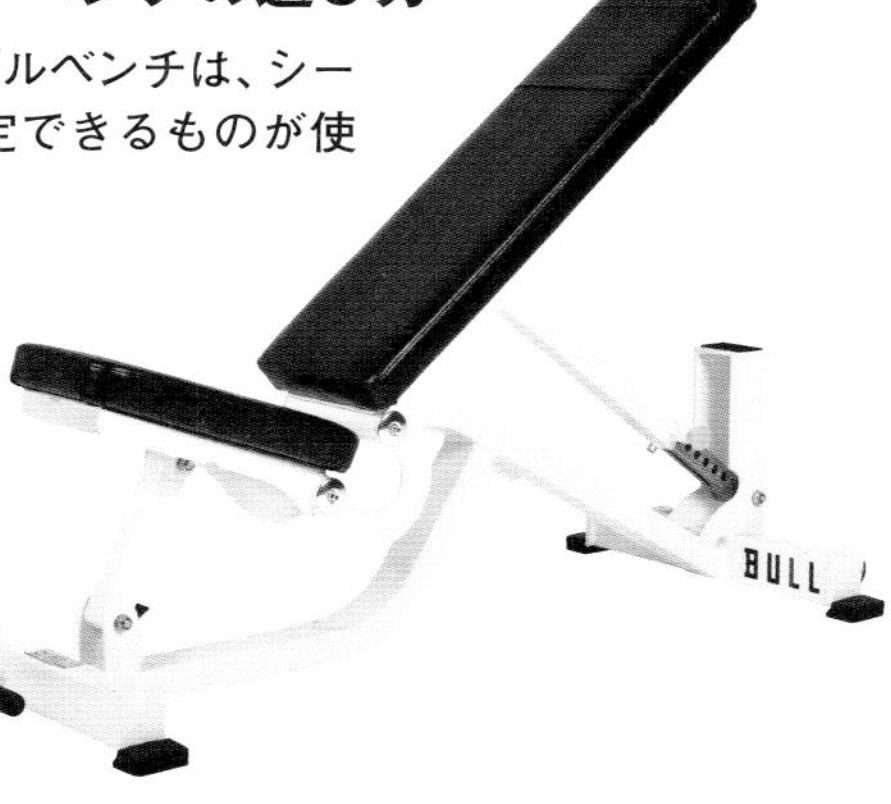

Point

- ☑ 細かく**角度が設定できる**ものほど良い。
- ☑ 耐荷重は**最低でも150kg**はほしい。
- ☑ グラグラしない**安定感のあるもの**を選ぶ。

■トレーニングチューブの選び方

トレーニングチューブはゴム製のトレーニング器具で、ゴムの伸縮性で筋肉にストレスを与える。基本的にチューブが太いものほど負荷が強くなる。

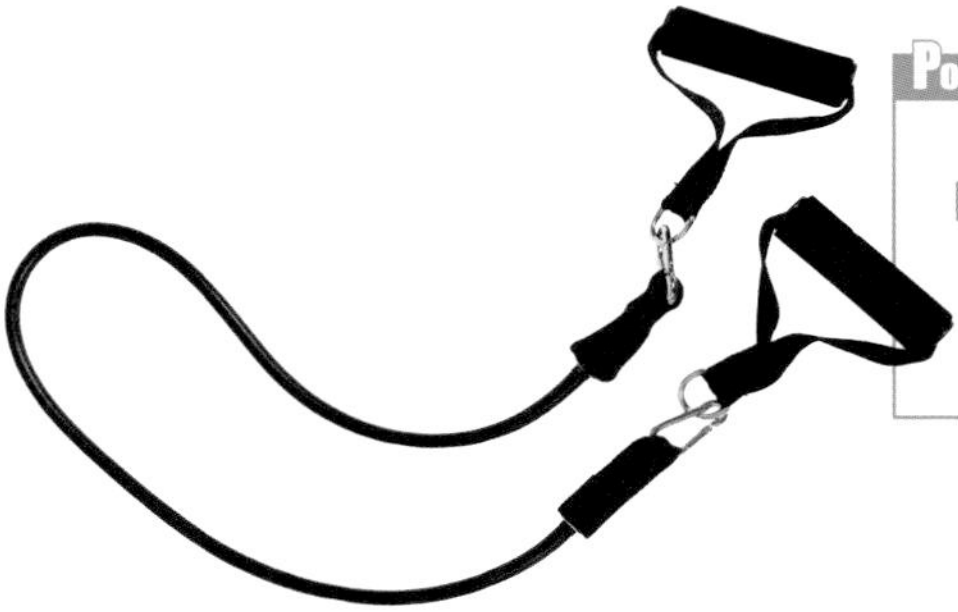

Point

☑ 種目によって適切な負荷は異なるので、負荷を変えられるものや、**複数のチューブがセットになっているもの**を選ぶ。

■アブローラーの選び方

アブローラーの「アブ」とは英語の腹筋（abdominal muscle）の略。つまり、腹筋を鍛えるためのローラーで、この器具を使った種目（78ページ）は、かなり強いストレスを筋肉に与えることができる。

Point

☑ **リーズナブル**なもので十分。

☑ 通販サイトの**ユーザーレビュー**を参考に選ぶ。

☑ 使用時は床を傷つけないように**マットの上でやる**といい。

■バランスボールの選び方

広く普及しているポピュラーなトレーニング器具。「山本式3/7法」では、腹と脚を鍛える種目で使用する。

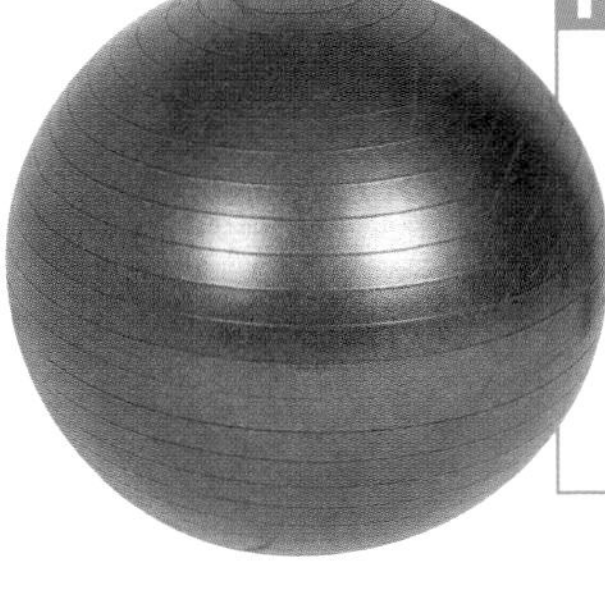

Point

☑ **リーズナブル**なものでOK。

☑ 通販サイトの**ユーザーレビュー**を参考に選ぶ。

☑ ボールは**直径55～65cm**のものがちょうど良い。（ボールを背にして寝そべったときに、背中がなだらかに反るくらいのサイズがオススメ）

器具トレ編

腹を鍛える

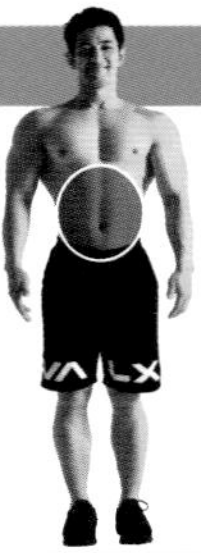

<<< TARGET

腹部全体を鍛える①

腹部の表層から深層までをしっかり刺激できるアブローラーでのトレーニング。ただし、山本式3/7法ではこれが地獄のごとき負荷になることを覚悟するべし！ 初心者なら最初にオリジナルの3/7法で腕試しを。

種目

アブローラー

CHECK!
肩の真上から
体重を乗せると
グラグラしにくい

1 ひざをついた状態でローラーをセットする

床にひざをつき、つま先を浮かせた状態でローラーに体重を乗せる。

NG×

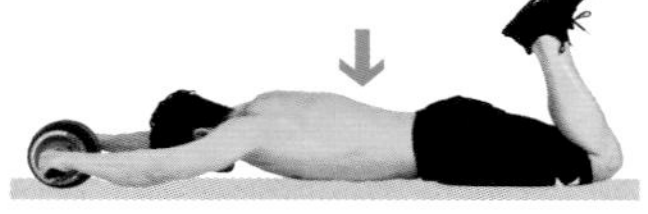

床にお腹をつけてしまうと、筋トレにならない。

2 ゆっくりと前に転がしていく

ローラーを転がして体を伸ばしたら、姿勢を崩さずに1の姿勢に戻る。

セット数
2セット

セット間インターバル
2分以上

15秒キープのやり方

1セット目は「ストレッチ」、2セット目は「収縮」の順番で行う

7回 ← 6回 ← 5回 ← 4回 ← 3回　回数

ストレッチで15秒キープ　1セット目

収縮で15秒キープ　2セット目

15秒キープ

ローラーを転がして腹筋を伸ばす＆縮める姿勢を保て！

1セット目　ローラーを転がし、腹筋を伸ばす！

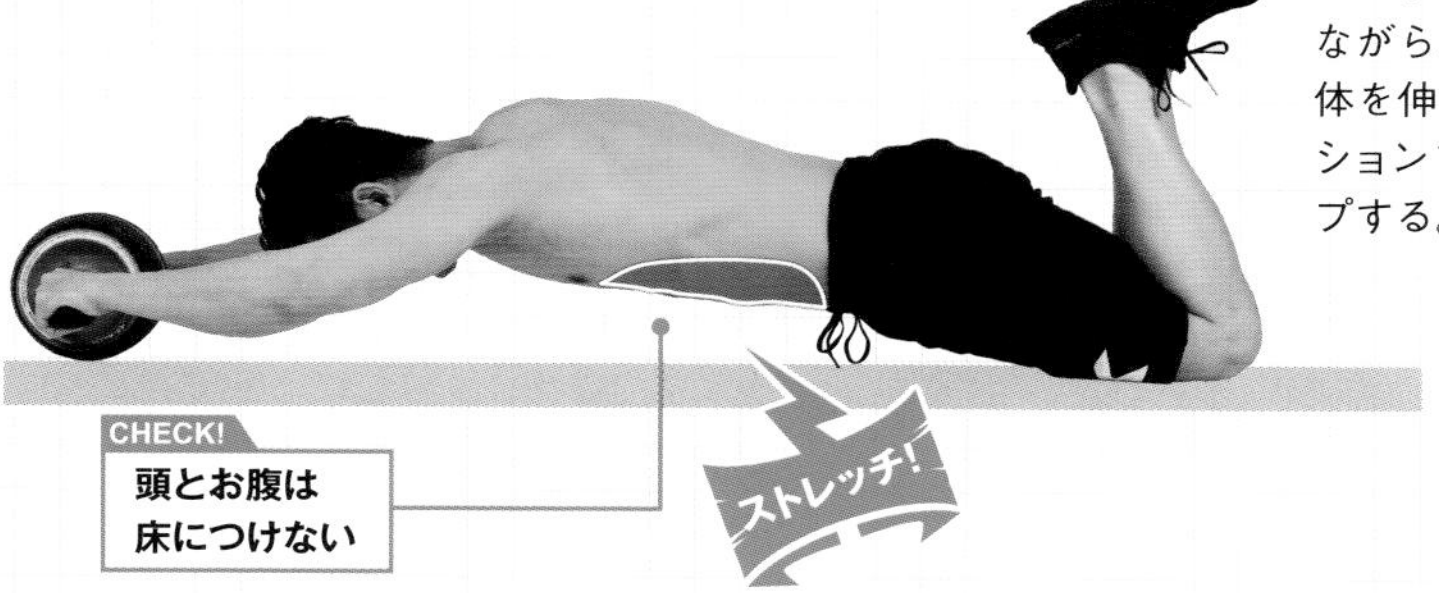

ローラーを転がしながら、限界まで体を伸ばしたポジションで15秒キープする。

2セット目

体を起こして腹筋を収縮！

2セット目は腹部が収縮しているのを感じながら1の姿勢でキープ。

HARD編

ここで紹介したやり方がカンタンにできてしまう場合は、ひざを伸ばした状態でチャレンジ。体を伸ばすときは、頭と腹だけでなく、ひざもつかないようにしてみよう。

器具トレ編

腹を鍛える

種目

ボールクランチ

<<< TARGET

腹部全体を鍛える②

腹筋全体を狙った筋トレ入門者向けの種目。アブローラーとの違いは、ボールを背中に反らせた動きで腹筋全体を大きく動かすことができる点。これにより、強い化学的ストレスを与えることができる。

1 ボールの上で仰向けになる

ボールの上にお尻から乗って、背中を反らせた状態で仰向けに寝そべる。

CHECK! 両手を頭の上にそえる

2 腹筋を使って体を起こす

背中を反らせた状態から体を曲げることで通常のクランチより腹部への刺激が大きくなる。

CHECK! ボールの反動は使わない

NG ✕

ボールに浅く座ってしまうと頭の位置が高くなり、負荷が逃げてしまう。

セット数
2セット

セット間インターバル
2分以上

15秒キープのやり方

1セット目は「収縮」、2セット目は「ストレッチ」の順番で行う

7回 ← 6回 ← 5回 ← 4回 ← 3回 ＜ 回数

収縮で15秒キープ ＜ 1セット目

ストレッチで15秒キープ ＜ 2セット目

15秒キープ

ボールのアールを利用して腹部全体をまんべんなく刺激せよ！

1セット目

体を丸めた収縮状態を維持する！

体を丸めた2のポーズを維持し、腹部全体をしっかり収縮させる。

2セット目

ボールの上で背中を反らせる！

CHECK!

目線が斜め上を向くように

背中を反らせてストレッチした1の姿勢でキープ。通常のクランチよりも腹部を伸ばすことができるのがこの種目の特徴だ。

器具トレ編

腹を鍛える

<<<< TARGET

腹筋の下部を鍛える！

ベンチにインクライン（傾斜）を設けることで、フラットな場所で行う腹筋よりも強力な負荷を与えられる。リバースクランチ（48ページ）より難易度は高く、上級者向けのトレーニングだ。

種目

インクライン・リバースクランチ

1 傾斜をつけたベンチに仰向けになる

腕を上げてベンチの端をつかみ、ひざを真上に向けたまま両脚を軽く持ち上げる。

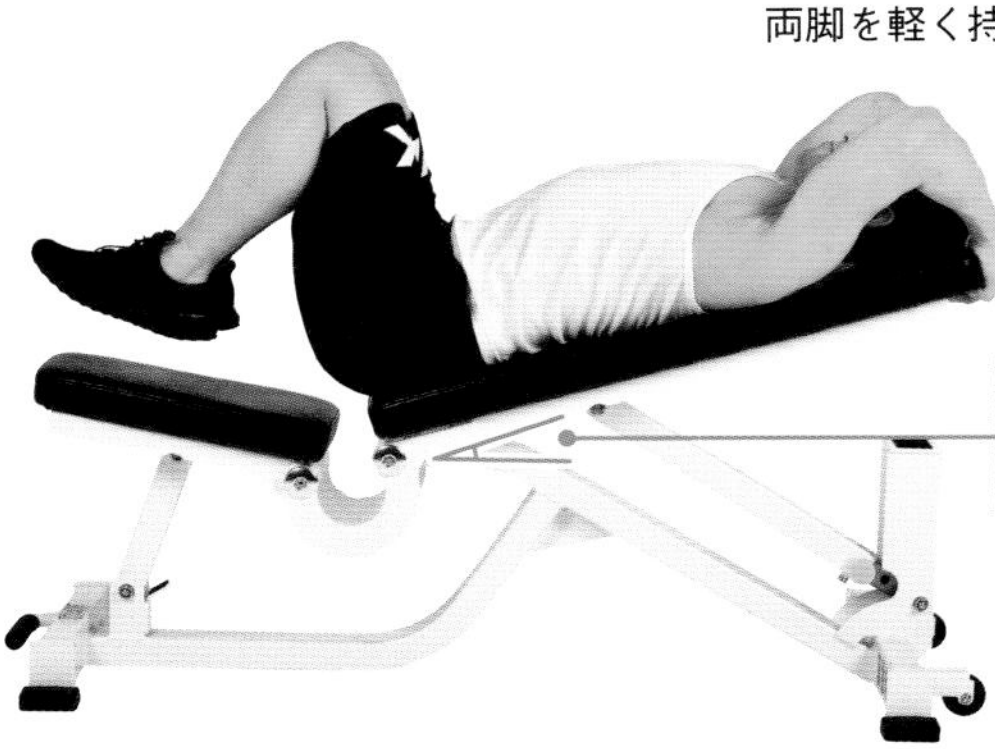
CHECK!
ベンチの角度は20～30度に

2 腰を浮かせて両ひざを胸へ

両手で体を固定しながら腰を浮かせ、両ひざを胸に近づけたらゆっくり1の姿勢に戻る。

CHECK!
ひざの角度は変えない

セット数
2セット

セット間インターバル
2分以上

15秒キープのやり方

1セット目は「収縮」、2セット目は「ストレッチ」の順番で行う

7回 ← 6回 ← 5回 ← 4回 ← 3回 ＜ 回数

収縮で15秒キープ ＜ 1セット目

ストレッチで15秒キープ ＜ 2セット目

15秒キープ

傾斜のあるベンチを利用して腹筋下部に刺激を加えろ！

1セット目

両ひざを胸に引き寄せ、収縮状態をキープ！

ひざを胸に引き寄せた2の姿勢をキープ。腹筋が収縮され、強烈な化学的ストレスを与えられる。

2セット目

ベンチにお尻をつけ、腹筋下部をストレッチ

浮かせた両脚を重りにして、腹筋がしっかり伸びているのを感じながら1の姿勢でキープする。

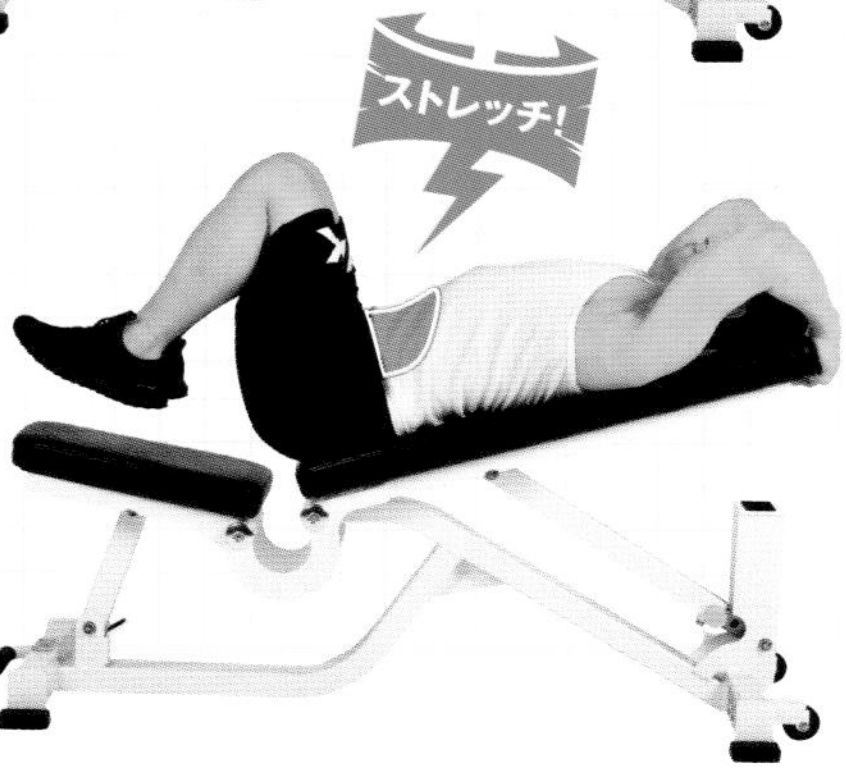

HARD編

基本的なやり方で物足りないと感じるなら、ベンチの傾斜角を大きくするか、左写真のように腰を浮かせた状態で両ひざを垂直に持ち上げるとキツさ＆効果がアップする。

種目
ダンベルフライ

<<<< TARGET

大胸筋の輪郭を際立たせる！

ダンベルフライの「フライ」には飛ぶという意味があり、弧を描いて羽ばたくような腕の動作が特徴。肩甲骨までしっかり動かしながらダンベルを上下させることで、大胸筋をピンポイントに鍛えることができる。

1 ベンチに仰向けになり、ダンベルを持った手を上げる

手の甲を外側に向けながらダンベルを持ち上げる。腕が内側に入らないように、ひじを少し曲げておく。

NG×

腕を垂直に上げると、重力の方向と腕の角度が一致してしまうため、大胸筋の負荷が抜けてしまう。

2 ひじを曲げてダンベルを下ろす

ひじを開く感覚でダンベルを下ろし、下ろしたら大胸筋を使って1の姿勢に戻す。

CHECK!
ひじを120度前後に曲げる

セット数
2セット

セット間インターバル
3分以上

15秒キープのやり方

1セット目は「ストレッチ」、2セット目は「収縮」**の順番で行う**

7回 ← ○ – 6回 ← ○ – 5回 ← ○ – 4回 ← ○ – 3回 ＜ 回数

ストレッチで15秒キープ	1セット目
収縮で15秒キープ	2セット目

15秒キープ

ひじの角度に気をつけながらダンベルを上げ下げし、大胸筋を刺激！

1セット目

ダンベルを下ろして大胸筋をしっかり伸ばす！

ひじを開く感覚でダンベルを下ろした2の姿勢をキープ。ダンベルの重さで大胸筋がストレッチされているのを感じよう。

2セット目

ダンベルを持ち上げ大胸筋を収縮させる！

ひじを少し曲げてダンベルを持ち上げた1のポジションでキープ。ダンベルの重さを胸で受け止めているような感覚で。

種目

インクライン・ダンベルフライ

VALX

<<<< TARGET

大胸筋の上部をデカくする①

大胸筋は筋線維の走る方向によって上部、中部、下部に分類されるが、その中でも上部を狙うのがこの種目。ダンベルフライとやり方は同じだが、ベンチに傾斜をつくることで狙いの部位を変えているのが特徴だ。

1 角度をつけたベンチに座りダンベルを持ち上げる

角度を30〜45度に設定したベンチに座り、大胸筋の力でダンベルを持ち上げる。手の甲が外側に向くようにダンベルを持つのがポイント。

CHECK!
ひじを少し曲げる
CHECK!
ベンチの角度は30〜45度
BULL

2 ひじを曲げてダンベルを下ろす

ひじを開く感覚でゆっくりとダンベルを下ろしていく。常に大胸筋を意識するのがポイントだ。

CHECK!
弧を描くように下ろす
（ダンベルフライと同じ）
BULL

セット数
2セット

セット間インターバル
3分以上

15秒キープのやり方

1セット目は「ストレッチ」、2セット目は「収縮」の順番で行う

回数	7回 ← ○ → 6回 ← ○ → 5回 ← ○ → 4回 ← ○ → 3回
1セット目	ストレッチで15秒キープ
2セット目	収縮で15秒キープ

15秒キープ

角度をつけたベンチに座り、大胸筋の上部に意識を向ける！

1セット目

ダンベルを下ろして胸をしっかり伸ばす

ダンベルフライと同様、ひじを開く感覚でダンベルを下ろした2の状態をキープ。ベンチの傾斜により大胸筋の上部がストレッチされる。

鎖骨から上腕骨に伸びる大胸筋は、均整のとれた胸部の形成に欠かせない。特に上部は日常では使われにくい筋肉でもあり、積極的に鍛えたい。

2セット目

ダンベルを持ち上げて大胸筋を収縮させる！

ダンベルを持ち上げながら大胸筋の上部（鎖骨付近）に意識を向ける。ひじを伸ばしすぎると負荷が逃げるので注意する。

器具トレ編

胸を鍛える

種目

インクライン・ダンベルベンチプレス

<<< TARGET

大胸筋の上部をデカくする②

ベンチに角度をつけて行うことで、大胸筋の中部・下部を意図的に使いにくくしているのがこの種目の特徴。その結果として、上部の負荷が高められ、鎖骨から胸のラインを効率的に鍛えることが可能になる。

1 角度をつけたベンチに座りダンベルを持ち上げる

ベンチの角度を20～30度に設定して座り、手の甲が頭側に向くようにダンベルを握る。そのまま、大胸筋を使ってダンベルを上げる。

CHECK!
ベンチの角度は20～30度に

2 ひじを曲げてダンベルを下ろす

胸を張り、肩甲骨を寄せる意識でダンベルを下ろしていく。

CHECK!
上腕の真上にダンベルがくるように

セット数
2セット

セット間インターバル
3分以上

15秒キープのやり方

1セット目は「ストレッチ」、2セット目は「収縮」の順番で行う

7回←○−6回←○−5回←○−4回←○−3回 ＜ 回数

ストレッチで15秒キープ ◀ 1セット目

収縮で15秒キープ ◀ 2セット目

15秒キープ

手の向きに注意しつつ、大胸筋上部を集中的に狙う！

1セット目 ダンベルを下ろして胸をしっかり伸ばす

前腕を少し胸側に傾斜させながらダンベルを下ろす2の状態をキープ。ダンベルの重さで大胸筋がストレッチされているのを感じよう。

2セット目 ダンベルを上げて大胸筋上部を収縮させる！

ストレッチポジションから、ひじをまっすぐに伸ばして1の姿勢へ。ダンベルの重さを鎖骨の下で受け止めているような意識で行う。

腕を広げると、ダンベルの重さが外に逃げてしまう。

器具トレ編

肩を鍛える

<<< TARGET

肩幅を広くする①

ニュートラルグリップとは、両手のひらを向き合わせ、小指側を前に向けた持ち方のこと。ひじを前に出してダンベルを挙上する動きが三角筋の前部を刺激。男らしい肩幅をつくるなら最優先で取り組むべし！

種目

ニュートラルグリップ・ダンベルショルダープレス

1 垂直のベンチに座り、両手でダンベルを握る

ベンチの角度を垂直にして座り、肩よりも前で両手のひらが向き合うようにダンベルを握る。

CHECK! 小指を前に向ける

2 ひじを伸ばしてダンベルを上げる

肩より前で保持したまま、ダンベルを持ち上げる。

CHECK! 胴体は動かさない（反動をつけない）

CHECK! ひじは伸ばしきらない

セット数

2セット

セット間インターバル

2分以上

15秒キープのやり方

1セット目は「ストレッチ」、2セット目は「収縮」の順番で行う

7回 ← ○ — 6回 ← ○ — 5回 ← ○ — 4回 ← ○ — 3回 〈 回数

ストレッチで15秒キープ ◀ 1セット目

収縮で15秒キープ ◀ 2セット目

15秒キープ

ダンベルの重さを利用して三角筋の前部をピンポイントに鍛える！

1セット目 **ダンベルを下げた姿勢をキープ！**

NG×

手首を返すとケガの原因になるので注意する。

手首が返らないように注意しながらまっすぐにひじを曲げてキープ。ダンベルの重さで三角筋の前部が伸びていることを意識しよう。

2セット目

ひじを伸ばして三角筋を収縮させる

小指を前に向けたまま、ひじを伸ばしてダンベルを持ち上げた2の姿勢で15秒耐える。「呼吸はゆっくり」を忘れずに。

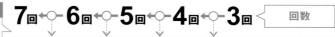

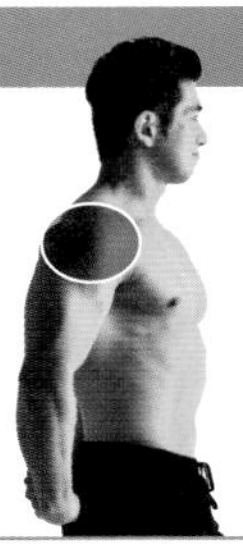

<<<< TARGET

肩幅を広くする②

スキャプラプレーンとは、肩を動かすときにもっともストレスがかかりにくい肩甲骨の角度のこと。この角度を意識しながらサイドレイズを行い、三角筋の中部を安全に鍛える。ベンチの角度も利用する。

器具トレ編

肩
を鍛える

種目

スキャプラプレーン・サイドレイズ

1 ダンベルを持って ベンチに座り 腕を下ろす

ベンチの角度を70度にして座り、腕を下ろしてダンベルを持つ。

CHECK!
あごは下げない
BULL
CHECK!
ベンチの角度は70度に

2 ダンベルを 肩の高さに 持ち上げる

親指をやや上に向けながら肩の高さまでダンベルを上げる。

BULL

Point

頭はシートにつけたままにする。

セット数
2セット
セット間インターバル
2分以上

15秒キープのやり方

1セット目も
2セット目も
「ストレッチ」の
ポジションで行う

7回 ← ○ ─ 6回 ← ○ ─ 5回 ← ○ ─ 4回 ← ○ ─ 3回　回数

ストレッチで15秒キープ　1セット目　2セット目

15秒キープ

**ダンベルの重さを感じながら
三角筋の中部をストレッチさせる！**

1&2セット共通

ベンチによりかかったまま ダンベルを持った手を下ろす

両手のひじを伸ばして、ダンベルを下ろした1の姿勢を15秒間キープする。

CHECK!
腕が地面と垂直になるようなイメージで

肩甲骨は真上から見ると肩の先が少し前に出た構造になっている。この角度に沿うような軌道で腕を動かせるスキャプラプレーン・サイドレイズなら、ケガのリスクを減らしながら三角筋を鍛えることができる。

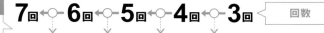

器具トレ編

肩を鍛える

種目

チューブ・サイドレイズ

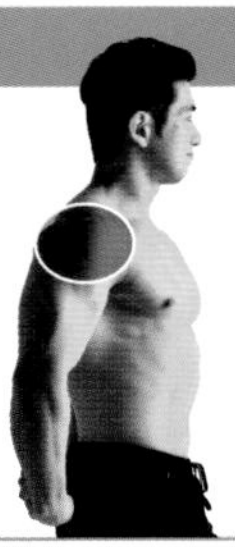

<<< TARGET

肩幅を広くする③

トレーニングチューブで三角筋の中部に刺激を与えるサイドレイズ。チューブは伸ばすときだけでなく縮めるときにも負荷がかかるので、負荷を逃さないためにも最後まで正確なフォームを意識すること。

1 チューブを持ってまっすぐ立つ

足で固定して、下から張力がかかるようにチューブをセット。手前でクロスさせ、ひじをやや曲げた姿勢をとる。

CHECK!
ひじを少し曲げて負荷がかかるように

2 チューブを肩の高さまで引き上げる

腕を広げながら上げていき、肩の高さまでチューブを引き上げたら、ゆっくりと1の姿勢に戻る。

CHECK!
背中が丸くならないように

セット数
2セット

セット間インターバル
2分以上

15秒キープのやり方

1セット目は「ストレッチ」、2セット目は「収縮」の順番で行う

7回 ← 6回 ← 5回 ← 4回 ← 3回 ＜ 回数

ストレッチで15秒キープ	1セット目
収縮で15秒キープ	2セット目

15秒キープ

チューブの負荷を感じながら三角筋の中部に効かせる！

1セット目 チューブを伸ばした状態でキープ！

1セット目は2の姿勢で15秒キープ。肩甲骨が寄らないようにするのがポイント。上半身を反らせると背中に負荷が逃げるので注意。

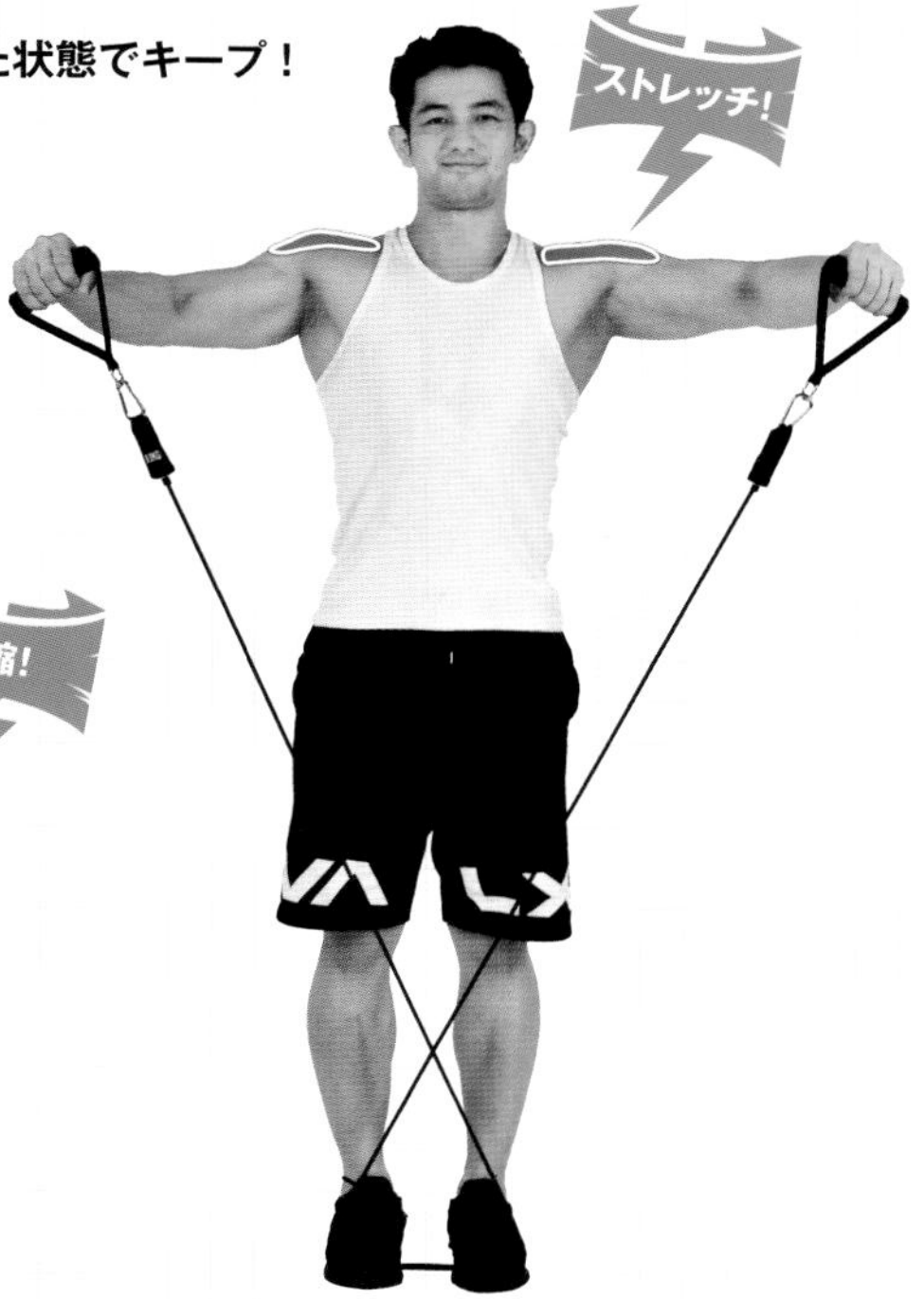

2セット目

腕を下ろして収縮を意識！

2セット目は1の状態で15秒キープを行う。ひじを伸ばしきると負荷が逃げてしまうので、少しだけ曲げた状態で、チューブの負荷を感じつつ姿勢をキープするのがポイント。

器具トレ編

肩を鍛える

<<< TARGET

肩の後ろ側を鍛える！

肩の後ろの筋肉を鍛えるときは、背中の大きな筋肉の関与をいかに減らすかが重要。その点サイドライイング・リアレイズは肩を支点に弧を描くように動かすことで、三角筋の後部に絞って刺激を与えられる。

種目

サイドライイング・リアレイズ

1 ベンチに横になり、片手でダンベルを持つ

ベンチをフラットにして横になり、片手でダンベルを持って胸の前に下ろす。

CHECK! ひじは肩と同じ高さに

2 肩を支点にしてダンベルを持ち上げる

前に出した腕を弧を描くようにゆっくり上げる。持ち上げた後は同じ軌道でゆっくりと1の姿勢に戻る。

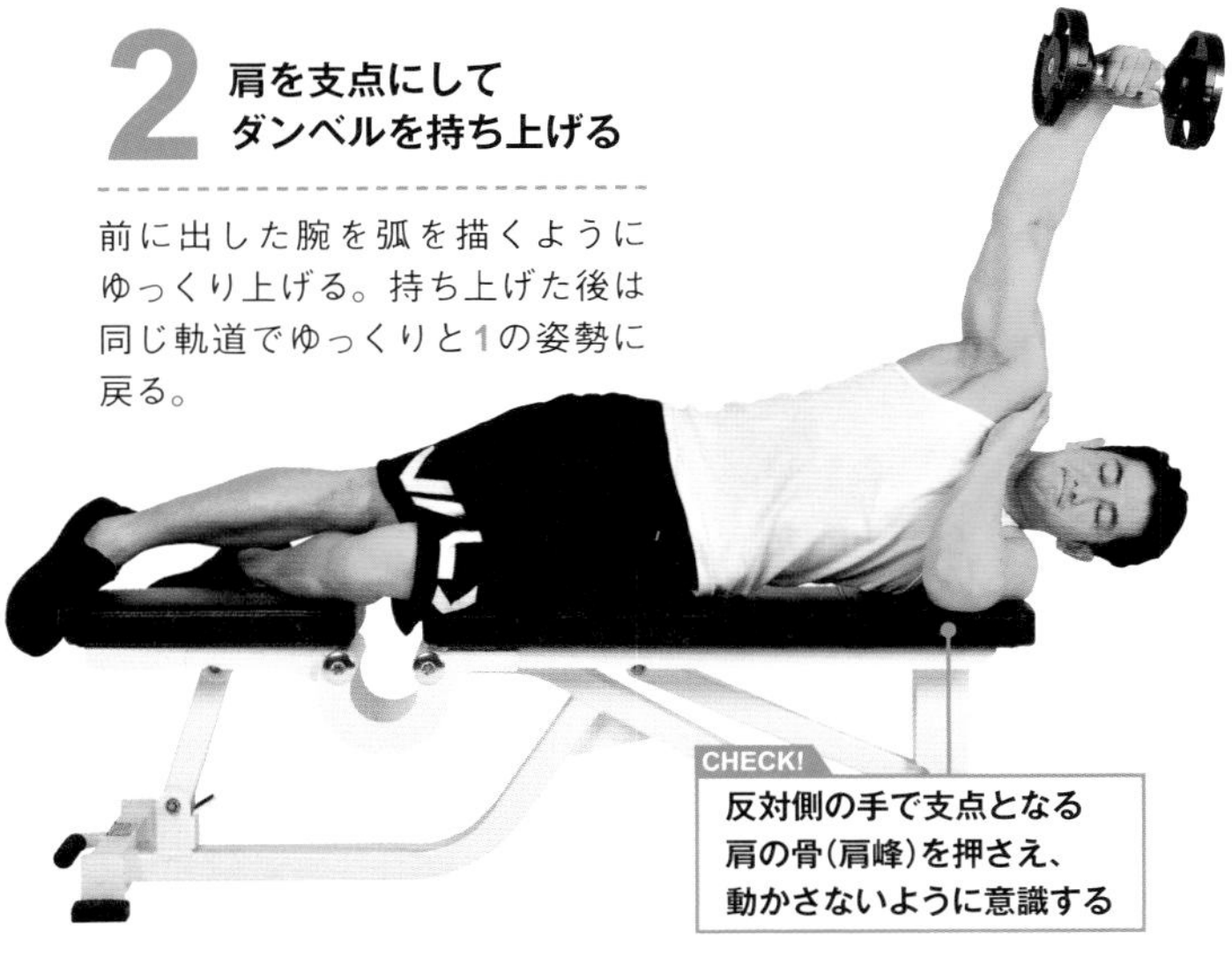

CHECK! 反対側の手で支点となる肩の骨（肩峰）を押さえ、動かさないように意識する

セット数
左右各2セット

セット間インターバル
2分以上

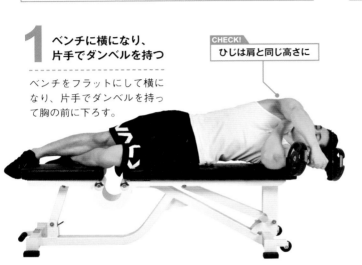

15秒キープのやり方

1セット目も
2セット目も
「ストレッチ」の
ポジションで行う
（左右2セットずつ）

7回 ← ○ − 6回 ← ○ − 5回 ← ○ − 4回 ← ○ − 3回 ← 回数

ストレッチで15秒キープ ← 1セット目 / 2セット目

15秒キープ

下ろしたダンベルの重さを感じ、三角筋の後部を強烈に刺激せよ！

1&2セット共通

**ベンチに横になったまま
ダンベルを前に下ろした姿勢をキープ！**

支点となる肩を動かさないように押さえつつ、三角筋の後部が伸びているのを感じながら15秒キープする。

ひじが下がってしまうと、三角筋の中部に刺激が逃げてしまう。

三角筋の後部は腕を後ろに引いたり、外側に腕を回したりする動きで使われる筋肉。メロン肩の盛り上がりに欠かせない部位だが、前部や中部より意識しにくく、バルクアップが難しい。しっかり追い込むためにもストレッチでの15秒キープは丁寧に行う。

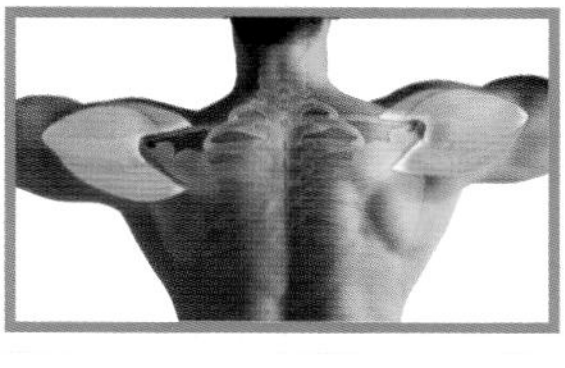

2セット終わったら反対の手も同じように行う

器具トレ編

背を鍛える

種目

チューブ・ロウイング

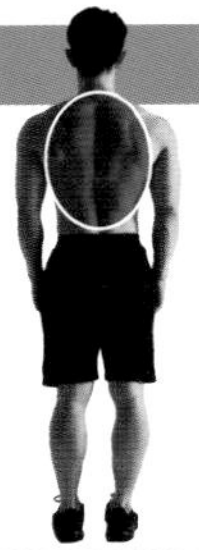

<<< TARGET

チューブで背中全体を刺激！

脚を伸ばして座った姿勢でチューブを体にに引き寄せる動作が脊柱起立筋群をはじめ、僧帽筋、広背筋など背中全体の筋肉をまんべんなく刺激。チューブを引くときは、上半身が動かないように注意すること。

1 ひざを伸ばして座り チューブをセットする

前方から張力がかかるようにチューブをセットしたら、手前でクロスさせて両手で構える。

Point

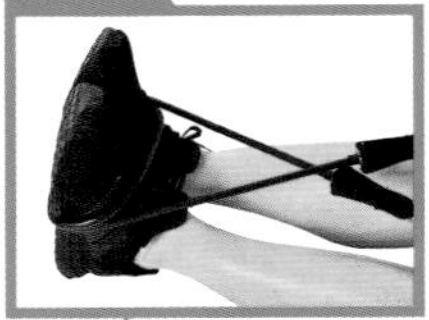

チューブが長くてたるんでしまうときは足に巻いて調節する。

2 ひじを曲げて チューブを引き寄せる

背中に張力を感じながらチューブを腰の位置まで引く。引いたら、ゆっくり1の姿勢に戻る。

CHECK!

背中を丸めたり、反動をつけたりしない

セット数
2セット

セット間インターバル
3分以上

15秒キープのやり方

1セット目は「ストレッチ」、2セット目は「収縮」の順番で行う

回数：7回 ← 6回 ← 5回 ← 4回 ← 3回

1セット目：ストレッチで15秒キープ

2セット目：収縮で15秒キープ

15秒キープ

チューブの張力を感じながら、背中全体にストレスを与える！

1セット目 チューブを縮めて背中全体をストレッチ！

背中が丸くならないように注意しながら、チューブの張力を感じつつ、1の姿勢で15秒キープを行う。

背中をしっかり伸ばすためにもチューブは緩まないように。

2セット目

チューブを引いて背中の筋肉を収縮させる

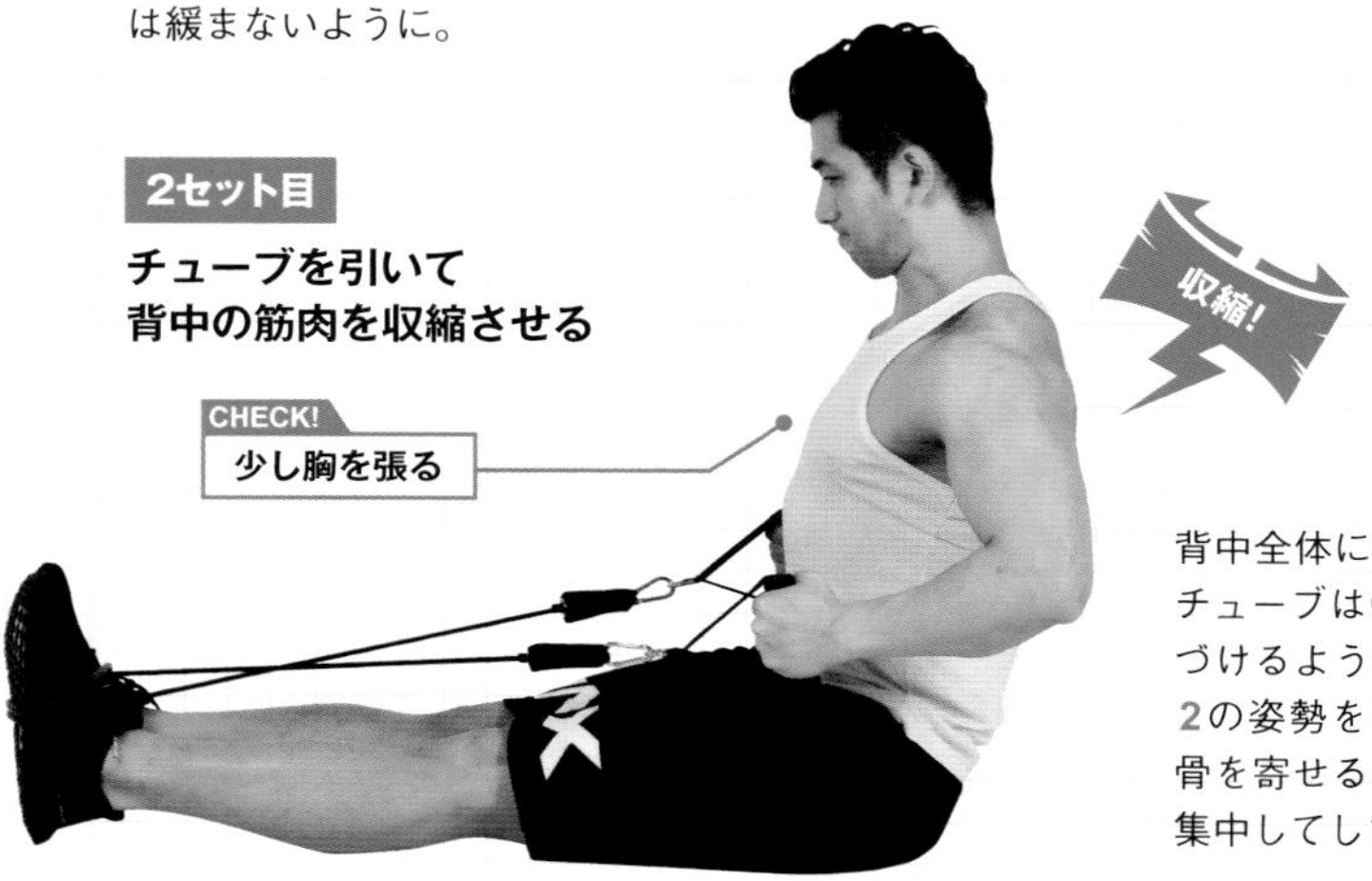

背中全体に効かせるためにも、チューブは骨盤に向かって近づけるようなイメージで引き、2の姿勢をキープする。肩甲骨を寄せると僧帽筋に刺激が集中してしまうので注意する。

器具トレ編

背を鍛える

<<< TARGET

広背筋を引き締める①

前傾したベンチにもたれながら、ダンベルを使って行うロウイングで広背筋を効率よく狙う。引き上げるダンベルを腰側に寄せる動作がポイントで、目で追えない部位だけに意識の向け方も大切になる。

種目

ベンチサポーテッド・ダンベルロウイング

CHECK!
腕をまっすぐ下ろす
CHECK!
ベンチの角度は30度に

1 傾けたベンチにうつぶせになり、ダンベルを持つ

30度の角度をつけたベンチにうつぶせになり、ひじを伸ばしてダンベルを持つ。

CHECK!
できるだけ肩甲骨を寄せずに
引き上げると広背筋に効く

2 ダンベルを持った手を斜め後ろに引く

ひじを曲げ、ダンベルを腰の方に引き上げる。引き上げたら、同じ軌道でゆっくりと1の姿勢に戻る。

NG×

まっすぐ引き上げると肩が上がり、刺激が僧帽筋に逃げてしまう。

セット数
2セット

セット間インターバル
3分以上

15秒キープのやり方

1セット目も
2セット目も
「ストレッチ」の
ポジションで行う

7回 ← 6回 ← 5回 ← 4回 ← 3回 （回数）

ストレッチで15秒キープ（1セット目／2セット目）

15秒キープ

ダンベルの重さを背中で受け止め、広背筋を刺激する！

1&2セット共通

**ひじを伸ばして
広背筋を伸ばす！**

ベンチの傾斜を利用することで、ダンベルの重さが広背筋を直撃。腕よりも背中が伸びているのを感じながら姿勢をキープ！

CHECK!
ダンベルは床と平行の状態に

器具トレ編

背を鍛える

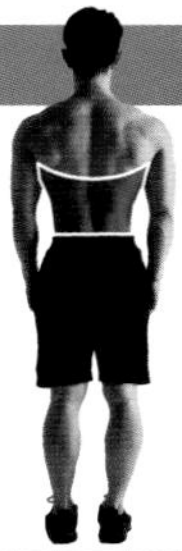

<<<< TARGET

広背筋を引き締める②

ダンベルの重さを利用してひじを上に伸ばす動作が、上腕骨《じょうわんこつ》の内側とつながる広背筋に効率よくストレスを与える。ちょっとしたフォームの違いで大胸筋のトレーニングになるので、コツをおさえて使い分けたい。

種目

ダンベルプルオーバー

1 ベンチに仰向けになりダンベルを下ろす

フラットのベンチに背中をつけて、両手で持ったダンベルを頭の後ろに下ろす。

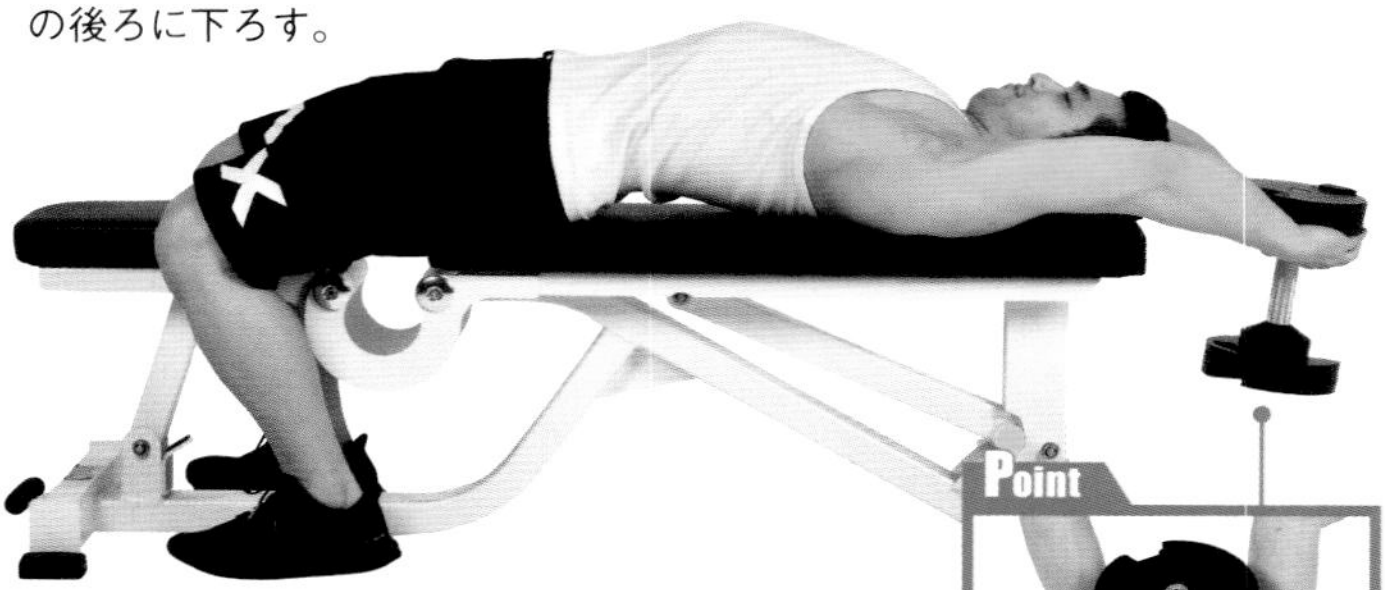

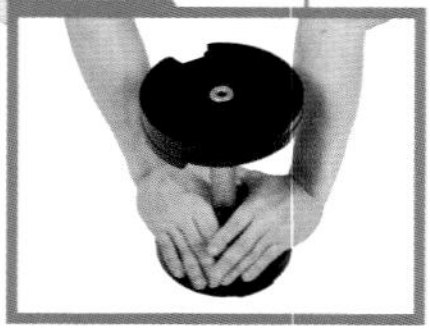

Point

ダンベルが落ちないようにシャフトの端を両手で重ねてしっかり持つ

2 仰向けのままダンベルを持ち上げる

一番上まで持ち上げたらゆっくり1の姿勢に戻る。

CHECK!
ひじは伸ばしたまま

セット数	2セット
セット間インターバル	3分以上

15秒キープのやり方

1セット目も
2セット目も
「ストレッチ」の
ポジションで行う

7回 ← 6回 ← 5回 ← 4回 ← 3回 回数

ストレッチで15秒キープ 1セット目 2セット目

15秒キープ

ダンベルを深く下ろすことで広背筋を最大限に伸ばす！

1&2セット共通

ダンベルを下ろして広背筋をストレッチ！

ダンベルの重さを利用することで広背筋がしっかりストレッチされ、効果的に化学的ストレスを与えることができる。

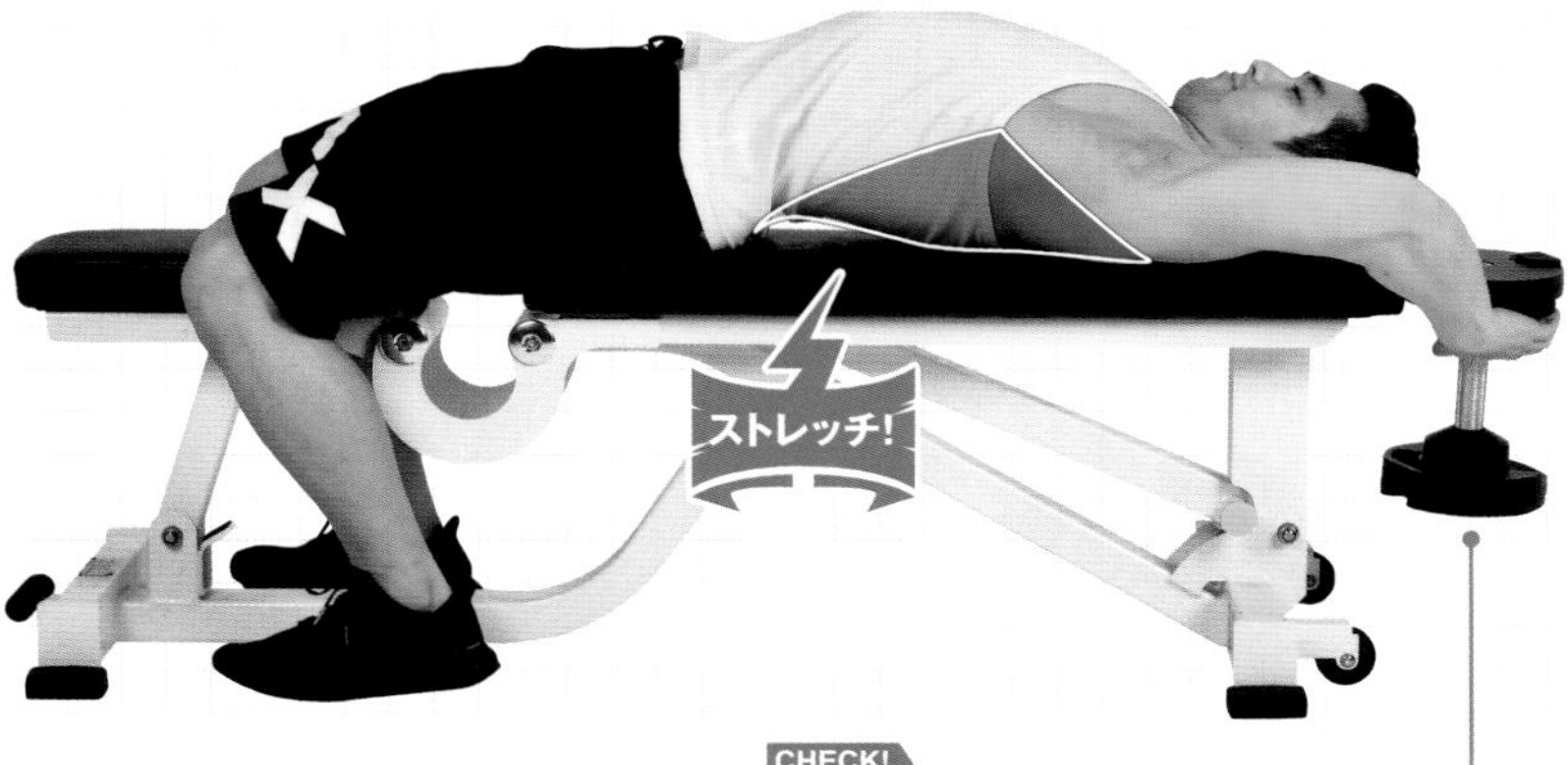

CHECK!
ダンベルは背中が反るくらいまで深く下ろす

Knowledge

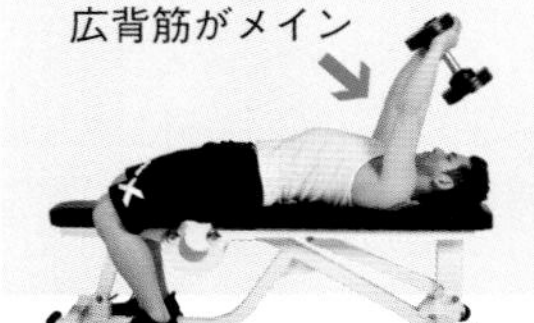

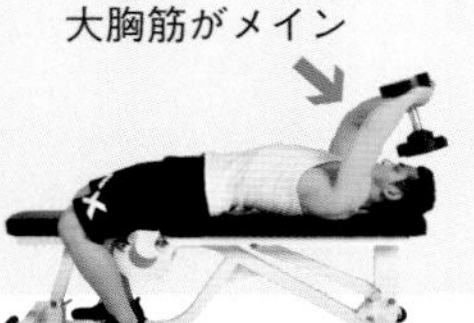

ひじを閉じた状態でダンベルを持ち上げると、大胸筋がメインのトレーニングになる。もちろん広背筋にも刺激を与えられる。

器具トレ編

背を鍛える

種目

ダンベルデッドリフト

<<<< TARGET

逆三角形の大きな背中をつくる！

筋トレの「BIG3」の1つとして知られるデッドリフトは、バーベルを使った筋トレと思われがちだが、ダンベルと3/7法の組み合わせで、背中全体を強力に刺激できるトレーニングになる。

1 脚を肩幅に広げて両手でダンベルを持つ

脚を肩幅に広げて、両手でダンベルを持ったら、ひざのお皿の真下まで持ち上げる。

CHECK!
ひじは少し曲げる

Point

背中はまっすぐに。

2 体を起こしながらダンベルは体の真横へ

体を起こす動作と同時にひじを引いてダンベルを上げ、体の真横に持ってくる。負荷が逃げないようやや前傾の姿勢をとる。

CHECK!
肩甲骨を寄せながら引き上げる

セット数
2セット

セット間インターバル
3分以上

15秒キープのやり方

1セット目も
2セット目も
「収縮」ポジションで
行う

7回 ← ○ – 6回 ← ○ – 5回 ← ○ – 4回 ← ○ – 3回 ＜ 回数

収縮で15秒キープ ＜ 1セット目 / 2セット目

15秒キープ

前傾を保ちつつ、
背中全体の筋肉を収縮させろ！

1&2セット共通

ダンベルを真横でキープし、
背中の筋肉を収縮させる！

1、2セットともに2の背中の筋肉を収縮させた状態を15秒キープする。肩甲骨を寄せる意識を持つと、背中の筋肉をより収縮させられる。

Point

15秒キープ中もやや前傾の姿勢を保ちながら立つ。

NG ✕

1の動作で背中が丸くなっていると、2の持ち上げる動作で腰を痛めるので注意する。

器具トレ編

腕を鍛える

<<< TARGET

上腕三頭筋を発達させる！

太くてたくましい腕を生み出すトライセップス（上腕三頭筋）を鍛える種目。種目名にある「エクステンション」とは「伸ばす」の意味。その名の通り、ストレッチ時のフォームが効果を高めるキモになる。

種目

ダンベルトライセップス・エクステンション

1 ベンチに仰向けになりダンベルを上げる

両手のひらが向き合うようにダンベルを持ったら、ひじを伸ばして持ち上げる。

CHECK! **ダンベルを持つ手は垂直よりも少し頭側に傾ける**

CHECK! **ダンベルが落ちないようにしっかり持つ**

2 ひじを支点にしてダンベルを下ろす

ひじは動かさずに、半円を描くイメージでダンベルを頭の横まで下ろしていく。その後、ゆっくりと1の姿勢に戻る。

CHECK! **ひじを支点に半円を描くように下ろす**

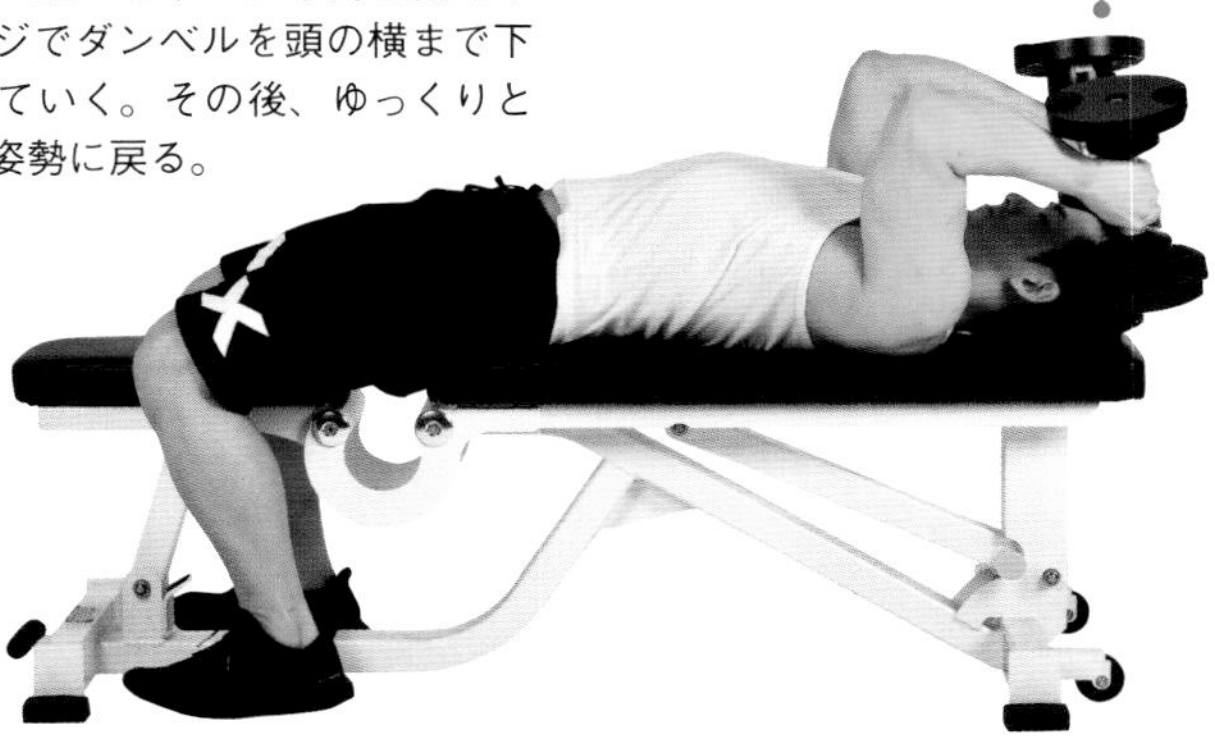

セット数
2セット

セット間インターバル
2分以上

15秒キープのやり方

1セット目は「ストレッチ」、2セット目は「収縮」の順番で行う

回数	7回	←	6回	←	5回	←	4回	←	3回
1セット目		ストレッチで15秒キープ							
2セット目		収縮で15秒キープ							

15秒キープ

ひじを支点にした曲げ＆伸ばしの姿勢で上腕三頭筋に効かせる！

1セット目

上腕三頭筋をストレッチ！

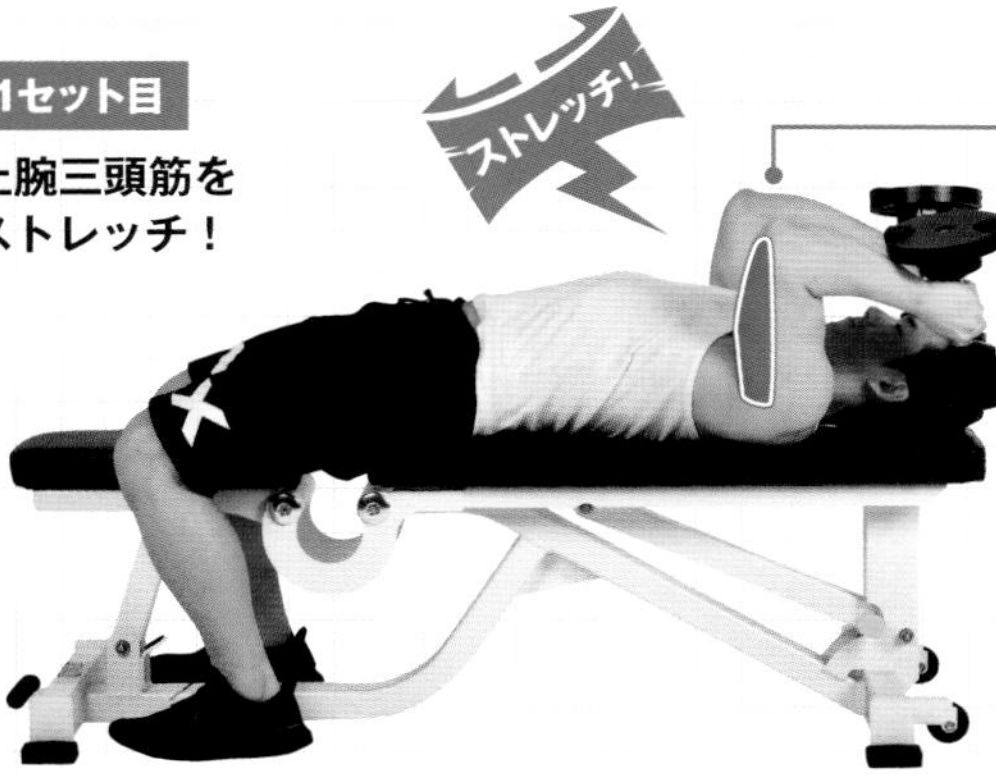

CHECK! ひじの角度の目安は90度くらい

ダンベルの重さで上腕三頭筋が伸びているのを感じながら姿勢をキープする。

2セット目 **ダンベルを上げて上腕三頭筋を収縮！**

2で下ろしたダンベルをゆっくりと持ち上げ、そのままキープ！ キープ中も意識は上腕三頭筋に向ける。

POINT

ストレッチポジション時に脇が開いていたり、ダンベルを持つ手が傾いていたりするとせっかくの負荷が大胸筋に逃げてしまう。上腕三頭筋に効かせるためには、ひじの向きや角度にはできるだけの注意を払おう。

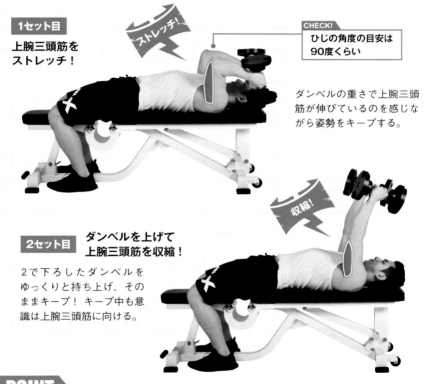

器具トレ編

腕を鍛える

種目

インクライン・ダンベルカール

<<< TARGET

力こぶをデカくする!!

力こぶをつくる上腕二頭筋を大きくする種目。角度をつけたベンチに寄りかかることで、ストレッチポジションへの移行がスムーズに行えるのがポイント。ダンベルを持ち上げるときは、ひじの位置を動かさないように。

1 ベンチに座り、両手でダンベルを握る

傾斜を45度にしたベンチに寄りかかり、ダンベルの重さにまかせて腕を下ろす。

CHECK!
ひじはこの位置で固定
CHECK!
手のひらを前方に向ける

2 ひじを支点にしてダンベルを持ち上げる

ひじの位置を動かさないように注意しながらダンベルを持ち上げ、最後まで腕を曲げたら、ゆっくりと1の姿勢に戻る。

Point

ひじの位置は動かさない。

セット数
2セット

セット間インターバル
2分以上

15秒キープのやり方

1セット目も
2セット目も
「ストレッチ」の
ポジションで行う

7回 ← ○ — 6回 ← ○ — 5回 ← ○ — 4回 ← ○ — 3回 ＜ 回数

ストレッチで15秒キープ ＜ 1セット目 ／ 2セット目

15秒キープ

ダンベルの重さで
上腕二頭筋が伸びるのを感じよう！

1&2セット共通

ダンベルを下ろして
ストレッチの姿勢をキープ！

腕を垂直に伸ばした姿勢をキープして、ダンベルの重さで上腕二頭筋をしっかり伸ばす。

CHECK!
頭を起こして、
腕までのラインを
まっすぐに保つ

NG ×

2の動作で、ダンベルと一緒にひじが上がってしまうと負荷が逃げるので注意する。

器具トレ編

腕を鍛える

<<< TARGET

たくましい前腕をつくる！

力こぶを立体的に見せる上腕筋、シャツの袖をまくり上げたときに見える前腕のたくましさに関与する腕橈骨筋《わんとうこつきん》を狙う種目。ダンベルの持ち方がポイントで、ほかの腕の筋肉が使われるのを防ぐ働きがある。

種目

ダンベルハンマーカール

1 ダンベルを横に持ちまっすぐ立つ

背筋を伸ばして立ち、親指を正面に向けた状態でダンベルを持つ。

CHECK!
ひじの位置はここから動かさない

CHECK!
反動をつけず、腕の力だけで上げる

2 ひじを支点にしてダンベルを持ち上げる

ひじの位置を固定したまま、ダンベルをひじよりやや上の位置まで持ち上げる。持ち上げたら、ゆっくりと1の姿勢に戻る。

CHECK!
手首は返さない

セット数
2セット

セット間インターバル
2分以上

15秒キープのやり方

1セット目も
2セット目も
「収縮」ポジションで
行う

7回 ← 6回 ← 5回 ← 4回 ← 3回 〈 回数

収縮で15秒キープ 〈 1セット目 〈 2セット目

15秒キープ

親指の向き&ひじの位置がポイント！
シンプルな動きでも効果は絶大!!

1&2セット共通

ひじを曲げて収縮の姿勢をキープ！

ダンベルを持ち上げて、2の姿勢で15秒キープする。ダンベルを持ち上げているときは手首を動かさず、親指が上を向くようにする。

CHECK!
背筋はピンと伸ばしたまま

CHECK!
ダンベルを持つ手首を、ひじよりも高い位置で固定する

Point

親指を上に向けてダンベルを持つことで上腕筋と腕橈骨筋を効率よく収縮させられる。

NG ×

ひじが動いてしまったり、ダンベルを上げすぎてしまったりすると負荷が逃げてしまう。ひじを支点とした動作であることを忘れずに。

器具トレ編
脚を鍛える

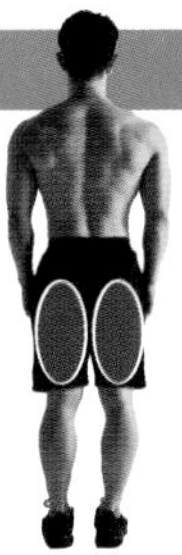

<<<< TARGET

理想の太ももとお尻を手に入れる！

スクワットのなかでも脚の後ろに特化した種目。上半身を前傾キープさせたまま収縮＆ストレッチの姿勢をとることで、太ももの裏からお尻のラインを集中的に鍛える。ダイエット目的の人にもオススメ。

種目

ブルガリアン・スクワット

1 両手にダンベルを持ち、片脚をベンチに乗せる

ダンベルを持って両脚の幅を広くとり、片脚をやや前に出してもう片方の脚をベンチに乗せる。ベンチに乗せた脚に体重をかけないように、上半身はやや前傾させる。

CHECK!
足首を少し寝かせる

NG×

前後の脚の間隔が狭いと、ひざを曲げるときにケガをしやすい。

2 ひざを曲げ、腰を深く下ろす

上半身を前傾させたまま、ひざを曲げて深く沈み「1、2」とカウントしたら1の姿勢に戻る。背中が丸くならないように注意。

CHECK!
ひざは90度近くまで曲げる
CHECK!
ひざはつま先より前に出さない

セット数
左右各2セット

セット間インターバル
3分以上

15秒キープのやり方

1セット目は「収縮」、2セット目は「ストレッチ」の順番で行う（左右2セットずつ）

7回 ← 6回 ← 5回 ← 4回 ← 3回 ＜ 回数

収縮で15秒キープ	1セット目
ストレッチで15秒キープ	2セット目

15秒キープ

ダンベルの重さを利用して、太ももの裏からお尻のラインを刺激！

1セット目 **腰を落とした姿勢で収縮させる！**

腰を深く落とした2の姿勢を15秒保つことで、太ももの後ろにあるハムストリング、お尻の筋肉である大臀筋、中臀筋を刺激する。

CHECK!
前の脚のかかとに体重を乗せる

2セット目 **前に出した脚の裏をストレッチ！**

2セット目は体を上げた1の姿勢でキープ。ダンベルの重さを感じつつ、太ももの裏〜お尻の狙いの筋肉に意識を集中させよう！

2セット終わったら反対の脚も同じように行う

CHECK!
ひざは少し曲げておく

EASY編

ダンベルの重さで体がグラつくようなら、ダンベルを使わないブルガリアン・スクワットから始めてみよう。両手を腰にそえて行うと、片脚でもバランスがとりやすくなる。

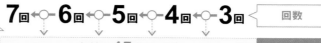

器具トレ編

脚を鍛える

種目

ゴブレット・ワイドスクワット

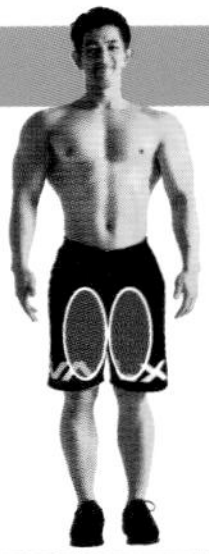

<<< TARGET

太く頑丈な太ももをつくりたい！

ダンベルを抱えて負荷を高めたワイドスクワット。太ももの内側にある「内転筋群《ないてんきんぐん》」が刺激されるなど、太い脚をつくりたい人に向いている。日常生活では使われにくい筋肉なので、運動不足の人も積極的に鍛えたい。

1 ダンベルを持ち、両脚を広げてまっすぐ立つ

ダンベルを胸の前で両手で持ち、脚を大きく広げて立つ。前ページの「ブルガリアン・スクワット」とは異なり、背中はまっすぐに。

Point

ダンベルは動かないように体の前で両手で支えて固定する。

CHECK!

つま先を斜め前に向ける

2 ひざを曲げて腰を垂直に下ろす

背中が丸まらないように注意しながら四肢を踏むように深くしゃがむ。その後、1の姿勢に戻る。

セット数

2セット

セット間インターバル

3分以上

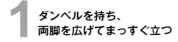

15秒キープのやり方

1セット目は「ストレッチ」、2セット目は「収縮」の順番で行う

回数：7回 → 6回 → 5回 → 4回 → 3回

1セット目	ストレッチで15秒キープ
2セット目	収縮で15秒キープ

15秒キープ

腰を垂直に上げ下げし、太ももの内側に刺激を与える！

1セット目　腰を落とした状態で内ももをストレッチ

内ももの筋肉（内転筋群）に効いているのを感じながら、腰を垂直に沈めた姿勢で15秒キープする。

上半身が前傾になると腰で重りを支えることになり、腰痛の原因になる。

2セット目

腰を上げて内ももを収縮させる！

CHECK!

頑丈な木の幹になったイメージで重さに耐え、まっすぐ立つ

両脚を広げてまっすぐ立った1の姿勢を保つ。ダンベルの重さを受け止めることで、太ももの内側が強力に収縮される。

器具トレ編

脚を鍛える

種目

ボール・ハムストリングカール

<<< TARGET

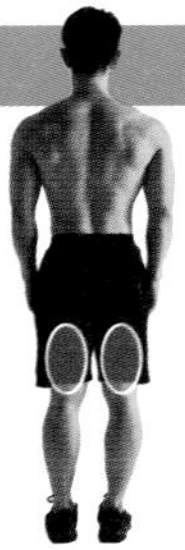

ハムストリングを強化する！

バランスボールを使って行う種目。ひざを曲げ、ボールを引き寄せる動作で、太ももの後ろにあるハムストリングを集中的に狙って鍛えることができる。副次的にお尻の筋肉も引き締まる。

1 仰向けになり、両脚をバランスボールの上に乗せる

仰向けになり、手のひらで床を押さえながらかかとがボールの真上にくるように両脚を乗せる。

CHECK! 両脚をそろえてひざを伸ばす

2 ボールを引き込みながら腰を上げる

腰を持ち上げながら、ひざを曲げてボールをお尻の方に引き寄せる。引き寄せた後は同じ軌道で1の姿勢に戻る。

CHECK! 脚でボールを引き込む

CHECK! 床につけた手で体をしっかり支える

セット数

2セット

セット間インターバル

3分以上

15秒キープのやり方

1セット目は「収縮」、2セット目は「ストレッチ」の順番で行う

回数：7回 ← 6回 ← 5回 ← 4回 ← 3回

1セット目：収縮で15秒キープ

2セット目：ストレッチで15秒キープ

15秒キープ

ボールを使ってハムストリングを最大限に刺激する！

1セット目

腰を上げてハムストリングを収縮！

肩からひざが一直線になるように腰を上げた姿勢をキープすることで、太ももの後ろにあるハムストリングが収縮される。

腰を浮かせないと、太ももに負荷がかからない。

2セット目

ひざを伸ばした姿勢でハムストリングを伸ばす

2の姿勢からひざを伸ばしながらゆっくりと腰を下ろしていき、ひざが伸びきったところで15秒キープ。つま先を上に向け、ハムストリングがしっかり伸びていることを意識する。

CHECK!
やや腰を浮かせて
肩からひざまでまっすぐに

筋肉博士のQ&A Column

Q マシントレーニングはやらなくていいのでしょうか?

A フリーウエイトでも効率よくバルクアップできます。

「最新鋭のマシンを使うマシントレーニングのほうがバルクアップの近道である」と思う人もいるかもしれませんが、ダンベルなどのフリーウエイトを使ったウエイトトレーニングでも効率よくバルクアップすることができます。

　フリーウエイトはマシンにない特徴があり、最大の違いはマシンはトレーニング時の動きの軌道が決まっているのに対して、**ウエイトは自分でバランスを取って軌道を保たなければいけないこと**です。この違いによって、マシンは鍛えたい筋肉に集中的に、ウエイトはより多くの筋肉にストレスを与えるという差が生じます。また、マシンは摩擦によってネガティブ（持ち上げたものを下ろす動作）で負荷が小さくなります。バルクアップにはネガティブの負荷が重要なので、その点ではマシンはウエイトよりも劣っています。また、マシンはサイズが自分の体に合っていないと、うまく動作できないという点にも注意が必要です。

　何事もマシンが優れているというわけではありません。特にトレーニングでは、無理なく取り組めるものの中からベストの選択をするという発想が大切です。

CHAPTER 5

もっと筋肉をデカくする！
バルクアップ栄養学

トレーニングのパフォーマンスを
劇的に上げるチャージ術を伝授！

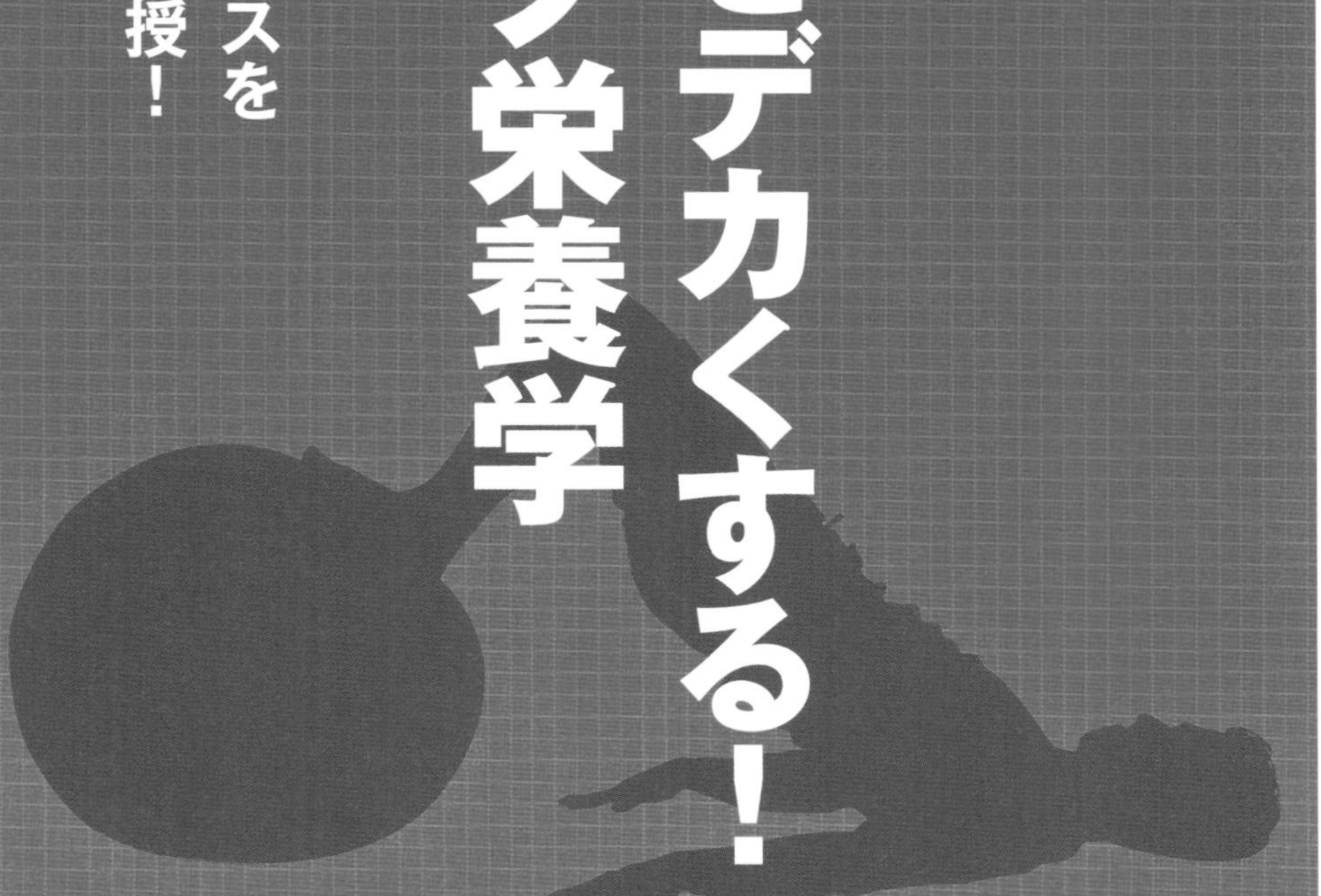

第5話 どう飲む？ どう考える!? 「山本式！」プロテインの新常識

1…
2…
3…
4…
いい感じですよ！
ありがとうございます
ハァハァ
スッ
頑張る竹迫さんにもっと筋肉を大きくする方法をお教えしましょう

ズバリ！
筋肉を
デカくする
タンパク質の
摂り方！
それにも
山本式の極意が
あるのです！
えっ？
プロテインを
飲んでいる
だけではダメ
なんですか？
キラ
キラ
キラ
おお…
実践すれば
より効率的に
バルクアップ
できますよ！
ビシッ

栄養学 1

食事だけでは不十分！タンパク質はプロテインで摂れ！

「必要量を満たす栄養素の摂取」は、「適切なトレーニング」「十分な休養」と並ぶ、バルクアップに欠かせない三本柱の一つです。

そして、栄養素のなかで最も重要なのが**筋肉の材料となるタンパク質**です。どんなにハードなトレーニングをしても、筋肉の材料となるタンパク質が十分でないと筋肉を増やすことはできません。しかもバルクアップには多くのタンパク質が必要で、普通の食事から摂れるタンパク質だけでは不十分です。

では、どうすればよいかというと、**タンパク質が主成分のプロテインを利用する**ことで十分な量を補えます。

厚生労働省は1日に必要なタンパク質量として「体重1kgあたり1g」を推奨しています。これは一般的な暮らしをしている人の目安であり、トレーニングで筋肉を増やしたい場合は、研究によって2倍以上のタンパク質が必要になることが明らかになっています（※1、2、3、4）。具体的には**体重1kgあたりで2.2g程度が1日に必要な量の目安**と考えられています。例えば体重が70kgの人なら、1日に154gのタンパク質が必要ということです。タンパク質は肉や魚、卵などに含まれていますが、普通の食事でそれらを多めに食べてもタンパク質の摂取量はだいたい80～90gくらいにとどまり、60～70gが不足します。その分をプロテインで補うというのがバルクアップのためのタンパク質摂取の基本的な考え方です。一般的にバルクアップ用のプロテインは、成分の70％以上がタンパク質です。目安としては85gのプロテインを飲むだけで60gのタンパク質を摂ることができます。

プロテインなら必要なタンパク質を効率よく摂取可能。これがプロテインが欠かせない理由です。

※1：Evaluation of protein requirements for trained strength athletes.J Appl Physiol (1985). 1992 Nov;73(5):1986-95.
※2：Protein and amino acid needs of the strength athlete.Int J Sport Nutr. 1991 Jun;1(2):127-45.
※3：ISSN exercise & sport nutrition review: research & recommendations.J Int Soc Sports Nutr. 2010 Feb 2;7:7. doi: 10.1186/1550-2783-7-7.

■プロテインがバルクアップに必要な理由

一般的な生活を送る人とバルクアップを目指す人とでは、1日に必要なタンパク質の量がまったく異なる。バルクアップを目指すなら、プロテインで効率的にタンパク質を摂取しよう。

一般的な生活を送る
体重70kgの人なら…

体重1kgにつき1g
↓
計70g

タンパク質を豊富に含む卵や魚、肉を意識して食べると80〜90gのタンパク質を摂取できる。

バルクアップしたい
体重70kgの人なら…

体重1kgにつき2.2g
↓
計154g

食事からのタンパク質は80〜90gで64〜74gのタンパク質が不足する。

プロテインなら効率的に
不足するタンパク質を
補える！

Knowledge

「プロテイン」の言葉の意味

プロテインは英語の「protein」が語源で、直訳するとタンパク質。ただ、日本ではプロテインというと、タンパク質を主成分とするプロテインサプリメントのことを指すことが多く、本書でもプロテインサプリメントを省略してプロテインと表記する。プロテインの多くはパウダー状で、水などの液体に溶いて飲む。

※4：Amino acids and high protein diets. In Lamb D, Williams M(editors), Perspectives in exercise science and sports medicine, Vol.4;Ergogenics, enhancement of performance in exercise and sport(pages 87-122).

栄養学 2

アミノ酸濃度を高めてホメオスタシスを突き抜けろ!

プロテインがバルクアップに欠かせない理由のもう一つに、「**ホメオスタシス**」が関係しています。

ホメオスタシスとは、例えば「暑ければ体温を下げるために汗をかく」というように、常に体内環境を一定の状態に維持しようとする機能で「生体恒常性」とも呼ばれます。その対象は、血圧、血糖値など多岐にわたり、筋肉の合成にも関与していると考えられています。

ところで、筋肉の合成に必要なものはタンパク質であり、その元になる「アミノ酸」です。筋肉はタンパク質でできていますが、摂取したタンパク質がそのまま、筋肉になるわけではありません。一度体内でアミノ酸に分解・吸収され、そのアミノ酸を合成してつくられます。そのため、このアミノ酸濃度が高ければ高いほど、筋肉の合成は起こりやすくなるのですが、通常の食事レベルでタンパク質を摂ってアミノ酸濃度を高めるだけでは、ホメオスタシスの作用により、合成が制限されてしまいます。

この**リミットを突破するのに効力を発揮するのが「プロテイン」などのサプリメント**です。プロテインはタンパク質が主成分のパウダーなので、食事から摂取されるタンパク質よりもはるかに早く消化・吸収されます。さらにEAAのサプリメントなら、よりスムーズに消化・吸収されます。

プロテインやEAAを摂取すると、血液中のアミノ酸濃度はホメオスタシスの範囲を超えて高い値にまで突き抜けます。このような状態のとき、タンパク質は筋肉へと強力に合成されるのです。ちなみに血圧や体温の急激な上昇は健康のトラブルにつながる可能性がありますが、血液中のアミノ酸濃度が高くなることで生じるのは筋肉の増加だけです。

■ホメオスタシスとは

ホメオスタシスとは、様々な環境下でも、体内環境を一定のレベルに維持する機能のこと。大きくは「神経系」「内分泌系」「免疫系」に分けられ、互いに情報交換しながら、連携して一つのシステムとして機能している。

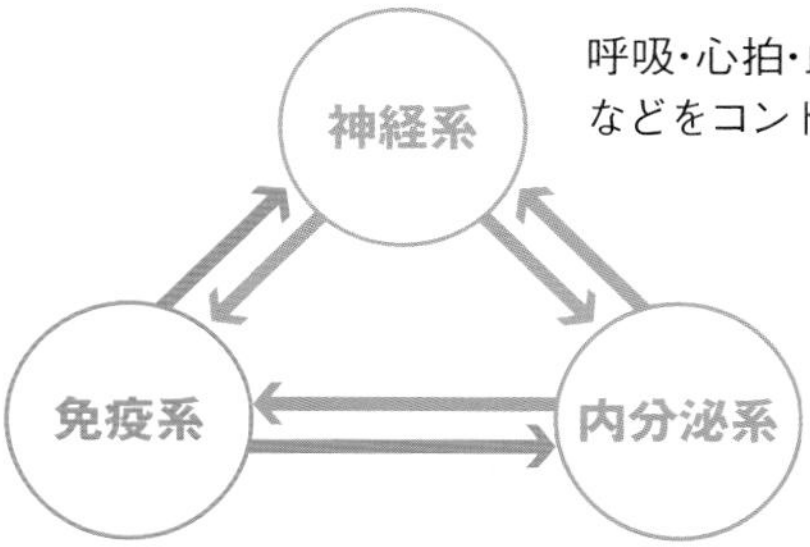
呼吸・心拍・血圧・体温・発汗
などをコントロールする
神経系
主として体内に侵入した異物を排除する。
免疫系
内分泌系
分泌するホルモンの種類や量を調整して血液中の成分などを調節する。

わかりやすいのは体温の調節の例

- 暑い＝汗をかいて体温を下げようとする。
- 寒い＝身体を震わせて体温を上げようとする。

■サプリメントとバルクアップ

プロテインやEAAなどのバルクアップをサポートするサプリメントは一般的な食事にはない効果がある。

	概要	摂取後の血液中のアミノ酸濃度	バルクアップ
一般的な食事	肉や魚などから他の栄養素とともにタンパク質を摂取できる。	高くはなるが、体内環境を一定に保とうとするホメオスタシスの機能の範囲内。	普通の食事だけでは困難。
プロテイン	タンパク質をパウダーにしたもの。	スムーズに吸収されるので、ホメオスタシスの機能の範囲を超えて高くなる。	**一般的な食事より強力なバルクアップが期待できる（とくにEAAが効果的）。**
EAA	プロテインを分解したもの。	プロテインに比べて、よりスムーズに体内に吸収される。	

筋肉は血液中のアミノ酸濃度が高いほど盛んに合成される！

Knowledge

EAAのサプリメント

アミノ酸は全部で20種類あり、大きくは体内で合成できない9種類の必須アミノ酸と体内で合成できる11種類の非必須アミノ酸に分けられる。EAA（Essential Amino Acids）は、その必須アミノ酸のことである。また、必須アミノ酸9種類のうち、バリン・ロイシン・イソロイシンの3種類の必須アミノ酸をBCAA（Branched Chain Amino Acid）という。EAAやBCAAはサプリメントとして市販されている。

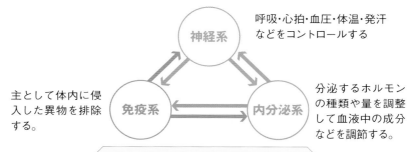

栄養学 3

改めて知っておきたい プロテインのメリットまとめ!

　プロテインはバルクアップを目指す人にとってはマストアイテムといえますが、もしかしたら普通の食事以外から栄養素を摂取することに抵抗がある人もいるかもしれません。

　ここで改めて、プロテインならではのメリットを確認しましょう。

　122ページで説明したように普段の食事で口にする食べ物だけで、バルクアップに必要なタンパク質を摂取するのはかなり難しいものです。それにもし、それができたとしても別の問題が生じます。**タンパク質を含む肉や魚、卵などは同時に脂肪も含んでいます。脂肪はエネルギーの源で、余計に摂取すると体脂肪として体に蓄積されます。**筋肉を増やしたいのに体脂肪が増えてしまっては理想の肉体には近づけません。

　また、「プロテインは値段が高い」という印象があるかもしれませんが、実際はそれほど高価ではありません。製品によって異なりますが、1gあたりで考えると、牛肉が3円以上なのに対して、プロテインは2円くらいです。その他にも、プロテインには「胃腸への負担が小さい」など、様々なメリットがあります。

Knowledge

プロテインとスポーツ

プロテインはバルクアップ以外のスポーツにも有効である。例えばランニングを長時間した後にプロテインを摂取することで、ダメージを受けた筋肉が速やかに回復される。運動をする人にとってプロテインは心強い味方である。

papilio / PIXTA

■プロテインの様々なメリット

バルクアップを目指す人にとって、プロテインは必要不可欠な存在。その理由となるメリットはいくつもある。

理由 ①

余計なものを含まない！

脂肪などの余計なものを含まないので、体脂肪が増える心配が少ない。

理由 ②

効果が抜群に高い！

124ページで紹介したように血液中のアミノ酸濃度を一気に高くできるのがプロテインの最大のメリット。アミノ酸濃度を一気に高くすることは、筋肉がつくられやすい状態になることを意味する。肉や魚を大量に食べても、消化吸収がゆっくりであるため、アミノ酸は徐々になだらかに血中に放出される。そのため、高いバルクアップの効果は期待できない。

理由 ③

リーズナブルである！

プロテインは高価と思われがちだが、1gあたりで考えると意外にリーズナブルである。

理由 ④

胃腸への負担が小さい！

大量のタンパク質を摂ろうとして大量の食事をすると、胃腸に負担がかかる。一方、プロテインは水などに溶かして飲むので、胃腸への負担は小さい。

理由 ⑤

手間がかからない！

食事をするには買い物、料理、盛り付け、咀嚼、洗い物という手間がかかる。それに対してプロテインはシェイカーに水を入れて振り、飲んでシェイカーを洗うだけである。

Knowledge

プロテインの摂りすぎは太る？

プロテインの主成分のタンパク質には他の栄養素と比べてDIT（食事誘発性熱産生）が高いという特徴がある。DITが高いということは、消化・吸収によるエネルギーの消費量が大きく、脂肪として体内に蓄積されにくいということである。プロテインにもカロリーがあるため、過剰に飲みすぎれば太るケースもあるが、タンパク質を食事から摂取するよりも、その可能性はずっと低いといえる。

「飲みたいときにすぐ飲める」のもプロテインの魅力だ

栄養学 4

筋肉をデカくするなら「ホエイプロテイン」を選べ！

市販されているプロテインは種類が豊富で、どれを選べばよいか迷ってしまう人もいるでしょう。そこで、プロテイン選びのポイントを紹介します。

一般的にプロテインは「原料＋プロテイン」の名前で流通していて、例えば牛乳に含まれるカゼインが原料の**「カゼインプロテイン」**、大豆（英語でソイ）が原料の**「ソイプロテイン」**などがあります。なかでもバルクアップを目指す人におすすめなのが、**牛乳に含まれるホエイが原料の「ホエイプロテイン」です。**

プロテインの主成分であるタンパク質は大きくは動物性と植物性に分けられます。言葉の通り、動物性は肉や魚、卵、乳製品などに由来し、植物性は大豆などの植物に由来します。

基本的に動物性のものは人体に必要とされるアミノ酸が多く含まれ、植物性のものには少ない傾向があります。バルクアップにも動物性のほうが向いています。

なお、前述のように大豆などにもタンパク質は含まれますが、普段の食事からタンパク質の摂取を意識するのであれば、肉や魚、卵といった動物性の食品を多く食べるようにしたいところです。

牛乳由来のホエイプロテインも動物性で、ＢＣＡＡ（１２５ページ）が多く含まれ、筋肉の合成を強く引き起こします。これが、おすすめのプロテインがホエイプロテインである理由です。

なお、ここで注意したいのが、「牛乳が原料であれば、すべてＯＫ」ではないということです。同じ牛乳由来のカゼインプロテインは、ホエイプロテインほど効果が期待できません。研究でホエイプロテインのほうが除脂肪体重や筋力を大きく伸ばすことが明らかになっています（※１、２）。

※1：The effect of whey isolate and resistance training on strength, body composition, and plasma glutamine. Int J Sport Nutr Exerc Metab. 2006 Oct;16(5):494-509.

■代表的なプロテイン

プロテインには様々な種類があり、原料によって特徴が異なる。

	ソイプロテイン	カゼインプロテイン	ホエイプロテイン
分類	植物性プロテイン	動物性プロテイン	動物性プロテイン
原料	原料は大豆。女性ホルモン様作用が認められているイソフラボンが含まれている。	ホエイと同様に牛乳に含まれるが、ホエイとは異なり水に溶けない。牛乳に含まれるタンパク質の約80%を占める。	ホエイとは乳清（ヨーグルトの上澄み液）のことで、性質は水溶性である。牛乳に含まれるタンパク質の約20％はホエイである。
特徴	タンパク消化酵素を阻害する物質が含まれるため消化・吸収がおだやかで、腹持ちが良いのが特徴である。	酸で固まる性質があり、胃に運ばれると胃酸によってヨーグルト状の塊になる。消化・吸収に時間がかかるので腹持ちはよい。	吸収が速いため、胃腸に負担がかかりにくいのが特徴。アミノ酸が豊富である。
バルクアップとの関係	肌の調子を整えたり、骨を丈夫にする効果が期待できるが、バルクアップにはあまり向かない。	筋肉づくりに欠かせないBCAAの含有量がホエイプロテインより少ないので、ホエイプロテインほどバルクアップの効果は期待できない。	**とくに筋合成に重要な役割を果たすロイシンの含有量が多いため、筋肉づくりに高い効果が期待できる。**

ロイシンが筋肉の合成を促す！

■ホエイプロテインの種類

ホエイプロテインは製法によって、いくつかのタイプに分けられる。

	ホエイプロテイン コンセントレート	ホエイプロテイン アイソレート	ホエイプロテイン ハイドロライゼイト
略称	WPC（Whey Protein Concentrate／濃縮乳清タンパク質）	WPI（Whey Protein Isolate／分離乳清タンパク質）	WPH（Whey Protein Hydrolysate／加水分解乳清タンパク質）
製法	乳清をろ過処理後に濃縮したもの。	WPCから乳糖や乳脂肪分、ミネラルなどを取り除いたもの。	WPHは酵素などを使いWPCを加水分解してつくられたもの。
特徴	乳清中のビタミンやミネラルなども多く含まれているが、その分タンパク質の含有率も低い**（全体の70％程度）**。乳糖不耐症の人はお腹が張ったり、下痢をする可能性がある。	タンパク質の含有率が**約85～90％**と高め。乳糖をほとんど含まないので、乳糖不耐症の人でも利用しやすい。	タンパク質の消化速度が速い。ただし、腸管内のアミノ酸濃度が急激に上昇して、結果として下痢を起こしやすくなる。

特徴を知った上で、自分に合ったものを選ぼう！

※2：Ingestion of whey hydrolysate, casein, or soy protein isolate: effects on mixed muscle protein synthesis at rest and following resistance exercise in young men.J Appl Physiol (1985). 2009 Sep;107(3):987-92. doi: 10.1152/japplphysiol.00076.2009. Epub 2009 Jul 9.

栄養学

5

最高のタイミング「ゴールデンタイム」を逃すな!

プロテインは飲むタイミングが重要で、**「ゴールデンタイム」**に飲むことで、バルクアップのための最大の効果を発揮します。

では、ゴールデンタイムとは、どのタイミングなのでしょうか。

よく「トレーニング直後にプロテインを飲んだほうがよい」といいますが、それは事実です。トレーニング直後にプロテインを飲んだ場合と終了2時間後に飲んだ場合を比較した研究があり、その研究では筋トレの直後に飲んだ群は筋肉量と筋力が大きく上昇したのに対し、2時間後に飲んだ群は筋力が少しだけ増えたに過ぎなかったと報告されています(※1)。

ただ、だからといってトレーニングの終了直後にプロテインを飲むのがベストかというとそうではありません。

トレーニングの開始直後には、すでに筋肉の合成が進んでいるので、**トレーニングの開始時には血液中のアミノ酸濃度を高くしておくのが望ましい**といえます。例えば、プロテインのなかでもよりスムーズに体内に吸収されるホエイプロテインなら、摂取の60分後にはアミノ酸濃度が最高値に近くなります。そのため、**トレーニング開始の1時間前に飲むのがベスト**。これが本当のゴールデンタイムです。

さらにトレーニング終了直後のタイミングもしっかりとプロテインを摂ったほうがよく、トレーニングの開始1時間前と終了後45分以内に飲むのがプロテインの理想的な摂取方法です。

なお、プロテインは一度に多く摂りすぎるとお腹を壊すことがあります。1回20~30gを1日に2~3回飲むのがおすすめです。また、筋肉はトレーニングの休息日にも増加するので、**トレーニングをしない日でも2~3回に分けて食間に飲む**ようにしましょう。

※1：Timing of postexercise protein intake is important for muscle hypertrophy with resistance training in elderly humans.J Physiol. 2001 Aug 15;535(Pt 1):301-11.

■プロテインを飲むタイミング

プロテインを飲むタイミングによって、バルクアップの効果は変わる。

トレーニングの開始1時間前

プロテインのなかでも、よりスムーズに消化・吸収されるホエイプロテインならトレーニングの開始1時間前に飲むのがベストだ。

↓

トレーニング開始

開始直後から筋肉の合成は進む。トレーニング中に血液中のアミノ酸が減少すると筋肉の分解が始まる。

↓

トレーニング終了直後

終了直後もプロテインの効果が得やすい時間帯。プロテインは開始1時間前と、終了直後～45分以内に摂取するのが理想である。

トレーニング終了2時間後

「2時間後くらいなら、直後と同じような効果がある」と思うかもしれないが、2時間後に飲んだ場合は筋力が少しだけ増えたに過ぎなかったという研究結果がある。

■プロテインの量と頻度

プロテインは1回につき20～30gを1日のなかで2～3回に分けて飲むのが基本。

量

1回につき20～30gが目安。多く飲みすぎるとお腹を壊すこともあるので注意する。

頻度

レベルや普段の食事の内容にもよるが一般的には1日のなかで2～3回に分けて摂取するとよい。

トレーニングの休息日はどうする？

筋肉はトレーニングの休息日に合成されるので、トレーニングをしない日もプロテインを2～3回飲む。食前や食後ではなく、食間に飲むのがよい。

栄養学 6

「補酵素」を無視してバルクアップは語れない！

タンパク質に比べると、**バルクアップにビタミンが必要であることはあまり知られていないようです。**しかし実際はビタミンはバルクアップに欠かせない栄養素です。

ここで筋肉の合成におけるビタミンの役割と重要性を説明しましょう。

私たち人間が生きていくためには「食べ物を消化する」「エネルギーを生産する」など様々な化学反応が必要です。このような人間の体内で起こる化学反応を「代謝」といいます。

その代謝に必要なのが「酵素」です。酵素には食べたものを消化する「消化酵素」、細胞の傷害を防ぐ抗酸化作用を持つ「抗酸化酵素」などの種類があります。じつはこの酵素はタンパク質の一種です。タンパク質はアミノ酸で構成されているので、酵素をつくるためには体内に十分なアミノ酸が存在しなければいけません。消化・分解によってアミノ酸となるタンパク質をしっかり摂取しないと酵素をつくることができず、代謝が滞って体調に悪い影響が出る可能性があります。

そう聞くと「自分はプロテインでしっかりタンパク質を摂取しているから大丈夫」と思う人がいるかもしれませんが、タンパク質だけ摂ればＯＫというわけではありません。**酵素が反応を起こすとき、多くの場合において「触媒（働きを助けてくれるもの）」を必要とします。それを「補酵素」と呼びますが、多くの補酵素はビタミンなのです。**

「筋肉を増やす」「体脂肪を減らす」といった代謝には酵素が欠かせない存在で、そのためにはタンパク質に加えてビタミンも必要ということです。

「タンパク質はあるけれど、ビタミンがないから筋肉を合成できない」という状態にならないように、ビタミンもしっかりと摂取しましょう。

■ビタミンについて知っておこう！

ビタミンは健康維持にとても重要な役割を果たしている。タンパク質、糖質、脂質を三大栄養素といい、それにビタミンとミネラルを加えて五大栄養素と呼ぶ。

ビタミン

健康の維持を始め、エネルギーをつくり出すために必要な各種サポートを行う。

ミネラル

カルシウムや鉄など、体の組織を構成したり、代謝を促したりする働きがある。

■バルクアップに関係する主なビタミンとミネラルの働き

ビタミンは健康維持に欠かせないだけではなく、バルクアップにも深く関係している。

ビタミン・ミネラルの種類			バルクアップとの関係
ビタミン	ビタミンB群	B_1	トレーニングに必要なエネルギーをつくる。
		B_2	
		B_6	タンパク質を筋肉の材料となるアミノ酸に分解することをサポートする。
	ビタミンA ビタミンC ビタミンE		トレーニングで低下した免疫力を高める。ビタミンCを摂ることでコラーゲンが合成されて効果的に筋肉を大きくすることができる。
	ビタミンD		筋肉内にタンパク質を取り込むのをサポートする。
ミネラル	カルシウム		増えると骨が強くなり、ケガの予防に役立つ。
	鉄		増えると持久力が上がり、疲れにくくなる。

ビタミンとミネラルが不足すると、
いくらプロテインを飲んでも十分な効果は得られない！

Knowledge

ビタミンDはテストステロンを増やす

ビタミンDは男性ホルモンの「テストステロン」を増やす作用があり、このテストステロンが筋肉の合成を促進する。テストステロンには、その他にもメタボリックシンドロームを防ぐ作用などがあり、記憶力や認知力にも関係がある。テストステロンは体と気持ちの健康を維持するために欠かせないホルモンといわれるほど重要な存在だが、トレーニングで適度に筋肉を刺激することでも効率よく増やすことができる。

栄養学

7

食事で足りない分は「マルチビタミン」でチャージ！

ビタミンがバルクアップに必要不可欠であることは前ページでお話ししましたが、では具体的にどのように摂取すればよいのでしょうか。

よく**「ビタミンを摂るために、毎日、野菜や果物を食べましょう」と耳にしますが、じつはそれだけではまったく足りません。**コラーゲンの合成を高めることで筋肥大に役立つビタミンCを例に考えてみましょう。

私たち人間やサル、モルモットなどの少ない例外を別にして、ほとんどの動物は自分でビタミンCを合成することができます。人間はビタミンCを外部から摂取することにより、自分で合成する機能をなくすことに成功しました。ビタミンCを合成する労力を、他のことに使えるようになったわけです。

ちなみに、ラットが肝臓で一日につくるビタミンCの量を体重60kgの成人男性に換算すると、1.7～3.4gになります。

バルクアップのためには**1日に最低1g程度、できれば3～5g程度のビタミンCを摂るのが理想**ですが、体内でビタミンCをつくれない人間が1gのビタミンCを摂るには、レモンなら1kgを食べなければいけません。つまり食事からは1gのビタミンCすら、簡単には摂れないということです。

ビタミンには他にも多くの種類があり、そのすべてを食事だけで十分に満たすのはほぼ不可能です。

この問題をクリアするための選択肢の一つがサプリメントです。

数あるサプリメントのなかでも、とくにおすすめは「**マルチビタミン**」です。マルチビタミンは様々なビタミンを錠剤やカプセルにまとめたもので、手軽に様々なビタミンを摂取することができます。プロテインとともにマルチビタミンを摂取することで、効率的なバルクアップを実現できます。

■「ビタミンC」ってどんなビタミン？

コラーゲンの生成を促し、筋肉の合成をサポートする働きがある。

ビタミンC

どんな性質？

水に溶ける水溶性で、摂取しても2〜3時間で体内から排出される（ただし水に溶けにくい脂溶性ビタミンCのサプリメントもある）。

どんな働きをする？

いろいろな働きがあるが、代表的なのがエネルギーを生成するときに生じる化合物のダメージから細胞を守ってくれること。

何に含まれている？

広く知られているレモンやミカンなどの果物のほか、サツマイモやジャガイモ、ロースハムなどにも含まれている。

筋肉との関係は？

ビタミンCにはコラーゲンの合成を高める働きもある。コラーゲンは細胞同士をつなぐ接着剤のような働きをしていて筋肉の材料にもなる。

■バルクアップに必要なビタミンCの量

バルクアップに必要なビタミンCを普段の食事からの摂取だけで満たすのは難しい。

一般的な成人は1日に約100mg → **バルクアップのためには1日約1g**

厚生労働省の「日本人の食事摂取基準（2020年版）」では、成人は1日に約100mgの摂取が推奨されている。

バルクアップを目指すなら、できれば1日に約1gのビタミンCを摂取したい。基本的には水溶性なので過剰摂取による副作用の心配は少ない。

‖

レモンなら約1kg必要

文部科学省の「日本食品標準成分表（2020年版）」では、レモンの可食部100g当たりに含まれているビタミンCは100mgである。1gのビタミンCをレモンだけで摂ろうとすると毎日1kg食べなくてはいけない。

ビタミンCだけを見ても
食事からバルクアップに
必要なビタミンを摂取するのは難しい。

■ビタミンのサプリメントの摂取方法

ビタミンのサプリメントのなかでも、おすすめは様々なビタミンを含んでいるマルチビタミン。マルチビタミンは毎食後に飲むとよい。

ビタミンは一度に
摂っても吸収されない
ことがあるので、
1日3回、毎食後に
飲むのがベスト！

栄養学 8

お風呂&ストレッチで筋肉をしっかり休ませろ!

トレーニング後の「休ませ方」も、効率的なバルクアップを考える上でおさえておきたいところ。その一つとして**「お風呂(入浴)の時間」**が挙げられます。

お風呂がバルクアップにもたらす、もっともシンプルなメリットは、温熱効果による「血流の促進」です。血流が促進されるとトレーニングで溜まった疲労物質が、血液に乗って流れていくので、より早く疲労を回復できます。

この温熱効果には、体にかかる水圧や浮力も一役買っています。「下半身に水圧がかかって上半身にはあまりかからない」という湯船に浸かった状態は、心臓に戻る血液の量を増やします。すると、ANPという利尿作用のある物質が増加して(結果として尿量が増えて)、老廃物の除去を促してくれます。

加えて、水中での浮力で関節や筋肉への負担が軽減され、緊張がほぐれるなどのリラックス効果も期待できます。

最近はシャワーで汗を流すだけという人も多いようですが、できれば湯船に浸かる時間をとるようにしたいところです。

もう一つ、実施したいのが**ふくらはぎのストレッチ**です。

ふくらはぎは全身に血液を巡らせるポンプのような働きがあり、**「第二の心臓」**とも呼ばれています。そのふくらはぎが固まっていては疲労回復も滞ってしまいます。

ふくらはぎのマッサージもよいのですが、とくにおすすめしたいのはストレッチ。

他の部位に比べて、ふくらはぎのストレッチがより気持ちよく感じられるのは、それによって血液循環が促進されるからでもあります。疲れを感じているときなどに、ぜひ試してみてください。

■やってみよう！ 疲労回復ストレッチ

ストレッチは疲労回復を促進し、より効率的なバルクアップに役立つ。トレーニングの後に行うと効果的だ。

《ふくらはぎのストレッチ》

脚を前後に開いて、
前に出した脚のひざを曲げて
重心を落とし、
その姿勢をキープする
CHECK!
対象はふくらはぎ
後ろの脚のかかとは床につけたまま
後ろの脚のひざは伸ばす（曲げるとアキレス腱のストレッチとなる）

ストレッチの基本

ひと口にストレッチといってもいろいろなタイプがあるが、ここでは一定の時間、同じ姿勢をキープするストレッチを紹介する。共通のポイントは下の３つ。

- **対象の部位が伸展していると感じる姿勢をキープする。**
- **キープする時間は20秒が目安。**
- **「左の脚を行ったら右の脚」というように反対側も行う。**

《お尻と太もものストレッチ》

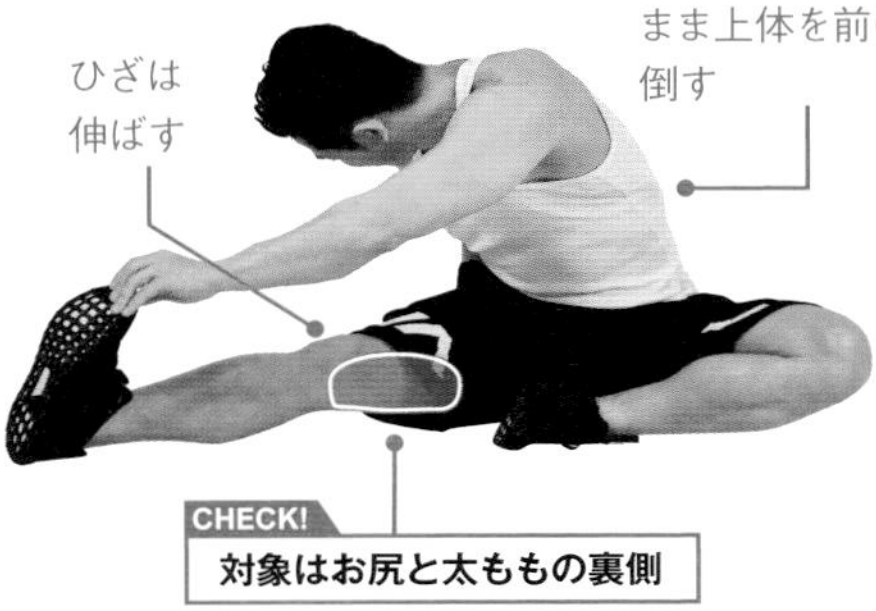
ひざは
伸ばす
背筋は伸ばしたまま上体を前に倒す
CHECK!
対象はお尻と太ももの裏側
長座の姿勢から、
伸ばした脚のつま先を反対側の手で持ち、
お尻と太ももの裏側をストレッチする。
つま先を持つのが難しければ足首でもOK

《肩のストレッチ》

ひじを反対の手で押さえて
肩をストレッチさせる
CHECK!
対象は肩
胴体はひねらない

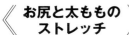

筋肉博士のQ&A Column

Q おすすめのサプリメントを教えてください！

A クレアチンとグルタミンです。

チャプター5で紹介したプロテインとマルチビタミン以外では、**クレアチンとグルタミン**もおすすめです。

クレアチンとグルタミンはどちらもアミノ酸の一種です。クレアチンは筋肉量と筋力を増やし、炎症を抑える働きが期待されます。クレアチンを摂る場合はトレーニング中のドリンクに3～5gを溶かすか、トレーニング後の食後に同じ量を飲みます。

グルタミンは免疫力を高め、筋肉の分解を防ぐ働きがあると考えられています。トレーニング直後に5～10g程度の摂取が目安です。

クレアチンとグルタミンは異なる側面からバルクアップをサポートします。できれば併用したほうがよく、そうすることでより一層筋肉を増やす効果が得られるでしょう。

Q ランニングはしたほうがいい？

A 無理にしなくてOKです。

通勤などで普段から歩いている人は「バルクアップのために」と、あえてランニングや水泳などの有酸素運動を行う必要はありません。

ただし、日常生活でほとんど歩く機会がなければ、血流促進のためにも**1日10～20分程度の軽い運動**は必要です。その場合も息が上がるような強度は不要で、あくまでも「軽く」でOKです。

CHAPTER

6

理想の体型をゲットする8週間プログラム

5つのタイプに合わせた新戦略。
あなたは、どのプログラムを選ぶ？

新戦略 1

プログラムの前にチェック！筋肉のつきやすさの「3タイプ」

同じ内容のトレーニングと食事管理を行ったとしても、バルクアップの効果は人によって異なります。その理由の一つは、体質が筋肉のつきやすさに関係しているからです。効率よくバルクアップするには、自分の体質に合った方法で取り組むことが重要です。そこで、ここではまずバルクアップに関係する体質のタイプを紹介しましょう。

筋肉のつきやすさで考えると、人間には**「内胚葉型」「外胚葉型」「中胚葉型」**という3つのタイプがあります。これは持って生まれた体質で、ある程度は遺伝するものと考えられています。

内胚葉型は筋肉と体脂肪の両方がつきやすいタイプです。太りやすく、丸みを帯びた体型の人が多いとされています。このタイプでお腹回りの体脂肪が気になる人は、バルクアップの前にダイエットをするとよいでしょう。

外胚葉型は内胚葉型と対照的に筋肉と脂肪がつきにくく、手足が長くてスマートな体型をしている傾向があります。効率よくバルクアップするには、サプリメントを利用してしっかりと栄養を摂取する必要があります。

中胚葉型は他のタイプに比べて最も体力があり、筋肉がつきやすいタイプです。体型は胴長で足が短い傾向があります。内胚葉型ほど太りやすくはありませんが、必要以上にカロリーを摂取すると太るので注意が必要です。

基本的に、**少し食べただけでも太ってしまう人は内胚葉型、いくら食べても太らない人は外胚葉型、どちらでもなければ中胚葉型で、割合として多いのは中胚葉型です。**自分のタイプを知り、それに合った目標を立てて取り組むと最大効率でバルクアップすることができます。146ページからタイプ別のプログラムを紹介しているので、ぜひ、そちらを参考にしてみてください。

■3つのタイプの特徴

筋肉のつきやすさで考えると、人間は「内胚葉型」「外胚葉型」「中胚葉型」という3タイプに分けられ、それぞれ下記のような特徴を持つ。

内胚葉型 ›››

特徴

- 代謝があまりよくないので、少し食べただけでも太りやすい。
- 体型は丸みを帯びてぽっちゃりしている。
- 筋肉もつきやすい。
- 筋骨隆々の体も目指せる。

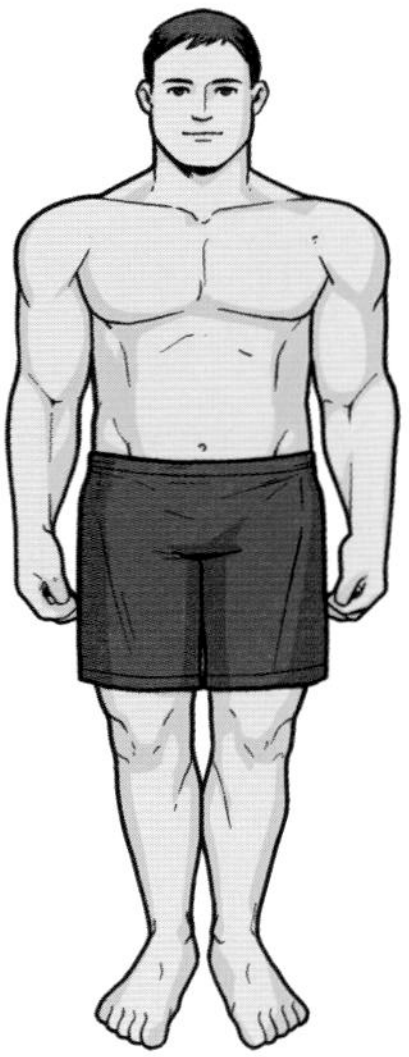

外胚葉型 ›››

特徴

- 代謝がよくて、食べ過ぎても太りにくい。
- 体型はスマートで手足が長い。
- 筋肉はつきにくい。
- 筋骨隆々の体になるのは難しい。

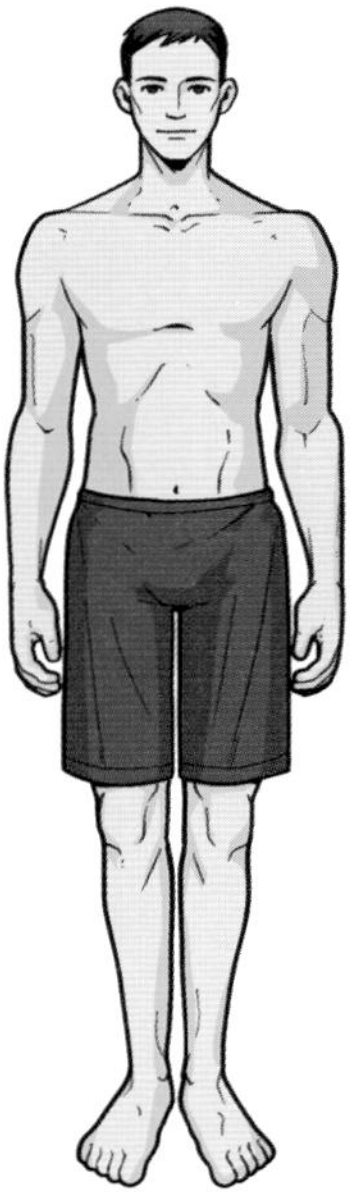

自分がどのタイプか見極めよう！

中胚葉型 ›››

特徴

- 内胚葉型と外胚葉型の中間で、内胚葉型ほどではないが太りやすい。
- 他のタイプに比べて体力がある。
- 短期間でのバルクアップが可能。

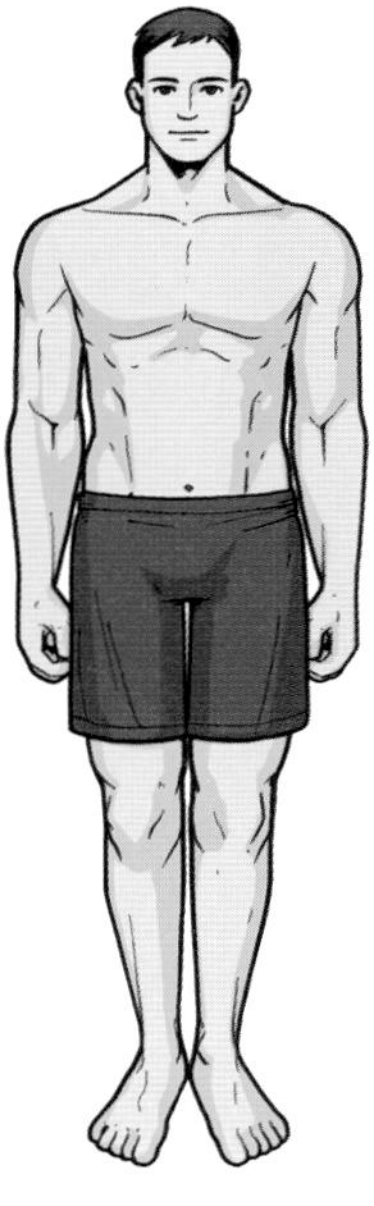

新戦略 2

大切なのは「短期の目標」!成功体験を積み重ねろ!!

漫然とトレーニングしていても、効果はなかなか表れません。それにトレーニングを始めてから肉体が明らかに変化するまでには、およそ2~3カ月を要します。ずっとモチベーションを維持するのは大変で、そのうち飽きてトレーニングをサボりがちになってしまう人もいるでしょう。

そうならないようにモチベーションを保つには**「成功体験」を積み重ねる**ことが大切。成功体験は短期的な目標を立てることで得ることができます。

短期的な目標としてわかりやすいのは数値で測れるもので、例えば「ダンベルフライ(84ページ)」のようにダンベルを使う種目なら、**「前回よりも1kg重いダンベルを使う」**という目標を立ててクリアすると成功を実感できます。対象としている部位のサイズを測るのもよく、1㎜でもサイズアップしていれば、それがモチベーションアップにつながります。

また、「リバースクランチ(48ページ)」のように「ハード編」があるものは、それをこなせるようになることも成功体験の一つです。

学生時代はテストや部活動など自分なりの目標を立てて、それを達成する機会が多くあります。一方、社会人になると自分一人の力で結果が決まることは少なくなります。トレーニングをコツコツと続け、扱えるウエイトの重量が増えて自分の肉体が理想のものへと近づくと「自分の努力が実を結んだ!」という自信になり、それがメンタルの成長にもつながります。

その意味でもトレーニングで得られる成功体験はとても貴重です。ですから、目標は「最終的にはこのような体型になる」という長期的なものに加えて、日々、体験できるような短期的なものも設定しましょう。

■短期の目標を立て、成功体験を得る

例えば、「以前よりも1kg重いダンベルでこなす」という短期の目標を立てて、それがクリアできるとモチベーションがアップし、トレーニングが楽しくなる。

NG
漠然と行うとモチベーションを
維持するのが難しい

GOOD
小さな成功体験が
筋肉とメンタルを
成長させる！

■トレーニングの成果が出ないときは…

目標に向かって日々トレーニングに励んでいるのに結果が出ない場合は、自分が下の3つに当てはまらないか確認しよう。

NG 栄養素不足

タンパク質を始めとするバルクアップに必要な栄養素を十分摂取していないと効果が得られにくい。

NG 体のケアの不足

トレーニング後のストレッチなどの体のケアはバルクアップの効率アップにつながる。つまり、「ケアしない＝効率ダウン」といえる。

NG オーバーワーク

筋肉は休息しているときに大きくなる。休息しないでトレーニングをしすぎる、いわゆる「オーバーワーク」は目標の妨げになる。

新戦略 3

筋トレが楽しくなる心強い味方！ トレーニングノート活用術

前ページで成功体験を積み重ねることの大切さをお話ししましたが、成功体験を得る方法としておすすめなのが**「トレーニングノート」**の活用です。

トレーニングノートとは、その名の通り、トレーニングの内容を記録するノートです。日付や時間、実施した場所のほか、その日に行ったすべての種目について、種目名や回数（セット数）、使用負荷などの情報を記します。「トレーニングノート」は市販もされていますが、記録する内容自体はシンプルなので普通のノートを使ってもいいでしょう。パソコンのエクセルなどのソフトやスマホのスケジュール管理用アプリをアレンジして使うという方法もありますし、**本書の158ページではコピーして使えるものを用意しています。**

記録をつけないで記憶に頼ると、前回のトレーニングの内容があやふやになってしまうことが少なくありません。また、「前回はかなりキツいトレーニングをした」と感覚で覚えようとしても、体調の変化に左右されてしまいます。その点、記録をつけることで、「以前よりも1kg重たいダンベルでトレーニングできた」など、進歩が明確になって成功体験を得られます。

また、つけた**記録はこまめに確認す**ることをおすすめします。少なくともトレーニング前には以前の記録をチェックして、以前よりもほんの少し強度を高めたトレーニングを実施しましょう。**体調によっては、それが難しいこともあるでしょうが、その場合は前回の記録を維持するように努めます。**こうすることでオーバーワークを防ぎ、高いモチベーションで効率よくトレーニングに取り組むことができます。

トレーニングノートはたくさんのメリットがあります。ぜひ活用して、日々のトレーニングを楽しんでください。

■トレーニングノートへの記録の仕方

アスリートも利用するトレーニングノート。トレーニングが終わったら記録して、次のトレーニング前に見返そう(158ページに付録あり)。

日付／ 4月 6日(火)　実施時間／ 1 時間　分　場所／自宅

1	種目	アブローラー	使用負荷	—	回数	山本式3/7法(2セット)
2	種目	チューブ・ロウイング	使用負荷	強度・中	回数	山本式3/7法(2セット)
3	種目	ブルガリアン・スクワット	使用負荷	8kg	回数	山本式3/7法(2セット)
4	種目		使用負荷		回数	
5	種目		使用負荷		回数	
6	種目		使用負荷		回数	
7	種目		使用負荷		回数	
8	種目		使用負荷		回数	
9	種目		使用負荷		回数	
10	種目		使用負荷		回数	
11	種目		使用負荷		回数	
12	種目		使用負荷		回数	

腹と背中、脚。ブルガリアン・スクワットはできるようになったので次回は重量を重くする。

日付や時間

取り組んでいるペースを把握するためにも日付は必要。

日付／ 4月 8日(木)　実施時間／ 1 時間　分　場所／自宅

1	種目	ダンベルフライ	使用負荷	19kg	回数	山本式3/7法(2セット)
2	種目	チューブ・サイドレイズ	使用負荷	強度・中	回数	山本式3/7法(2セット)
3	種目	ダンベルハンマーカール	使用負荷	13kg	回数	山本式3/7法(2セット)
4	種目		使用負荷		回数	
5	種目		使用負荷		回数	
6	種目		使用負荷		回数	
7	種目		使用負荷		回数	
8	種目		使用負荷		回数	
9	種目		使用負荷		回数	
10	種目		使用負荷		回数	
11	種目		使用負荷		回数	
12	種目		使用負荷		回数	

胸、肩、腕。身体が重く、かなりキツかった。

種目と使用負荷

器具を使ったトレーニングの場合は、成功体験を得るためにも使用負荷(ダンベルの重さなど)を必ず記入する。

メモ

トレーニング時に感じたことなどを記しておくと、後で役立つことがある。

日付／ 4月 10日(土)　実施時間／ 1 時間　分　場所／自宅

1	種目	アブローラー	使用負荷	—	回数	山本式3/7法(2セット)
2	種目	チューブ・ロウイング	使用負荷	強度・中	回数	山本式3/7法(2セット)
3	種目	ブルガリアン・スクワット	使用負荷	9kg	回数	山本式3/7法(2セット)
4	種目		使用負荷		回数	
5	種目		使用負荷		回数	
6	種目		使用負荷		回数	
7	種目		使用負荷		回数	
8	種目		使用負荷		回数	
9	種目		使用負荷		回数	
10	種目		使用負荷		回数	
11	種目		使用負荷		回数	
12	種目		使用負荷		回数	

腹と背中、脚。ブルガリアン・スクワットは重量アップ。

自分のためのノートなので
自分に合ったものでOK。
無地のノートにラインを
引いて自作してもよい

ケース別プログラム

—A—

目指せ！憧れの細マッチョ

外胚葉型×男性(33)

筋肉が大きくなりにくい外胚葉型は引き締まったボディが魅力の細マッチョを目指すといい。ハードすぎないトレーニングで、猫背&ヒョロ長い体型を脱却しよう。

やせ型代表男子 >>>

Aさん(33)

タイプ **外胚葉型**

デスクワーク中、気がつくと背中が丸くなっている。歩いているときも猫背気味で、周囲から覇気がないと冗談半分で言われることも。趣味で筋トレを始めたものの、すぐに疲れを感じてしまい、トレーニングの量を増やせない。

Point

外胚葉型は疲れやすい傾向があるので、筋トレは「やりすぎない」を基本にする。その上でタンパク質の多めの摂取を心がけるなど、疲労回復系のサポートをしっかり行う。

山本式！プログラムの考え方

1～2週目は

体を慣らす

理想とする細マッチョを目指して、比較的強度の低い「オリジナルの3/7法」で、まずは全身を慣らしていく。食生活も見直す。

3～4週目は

強度を高める

体が慣れてきたところで、各部位の種目数を増やして、トレーニングの強度を高める。頻度も週2回から週3回に増やす。

5～6週目は

食事に気を配る

筋肉に十分なストレスが加わり、大きくなっていく時期。体脂肪が増加しないように、食事は油ものや甘いものを控える。

7～8週目は

山本式3/7法に挑戦！

オリジナルの3/7法をこなせるようになったところで、よりハードで効果が高い「山本式3/7法」を導入する。

8週間プログラム

	月	火	水	木	金	土	食事法
1week	全身トレ	休養	休養	全身トレ	休養	休養	プロテインは1日2回、食事ではタンパク質を多めに摂る。
	プロテイン 1日2回						
2week	全身トレ	休養	休養	全身トレ	休養	休養	
	プロテイン 1日2回						
3week	Aトレ	休養	Bトレ	休養	Aトレ	休養	プロテイン、マルチビタミンともに1日3回摂る。食事中のタンパク質も増やす。
	プロテイン・ビタミン 1日3回						
4week	Bトレ	休養	Aトレ	休養	Bトレ	休養	
	プロテイン・ビタミン 1日3回						
5week	休養	Aトレ	休養	Bトレ	休養	Aトレ	3〜4週目の食事を続けつつ、油ものを減らし、甘いものを控えるようにする。
	プロテイン・ビタミン 1日3回						
6week	休養	Bトレ	休養	Aトレ	休養	Bトレ	
	プロテイン・ビタミン 1日3回						
7week	A'トレ	休養	B'トレ	休養	A'トレ	休養	5〜6週目と同様
	プロテイン・ビタミン 1日3回						
8week	A'トレ	休養	B'トレ	休養	A'トレ	休養	
	プロテイン・ビタミン 1日3回						

※日曜日は完全休養日とする

- **全身トレ** オリジナルの3/7法で各部位1種目(全6種目)2セットずつ行い、全身を鍛える。
- **Aトレ** 全身6部位のうち3部位をオリジナルの3/7法で鍛える。鍛え方は1部位につき2種目(全6種目)×2セット。
- **Bトレ** 全身6部位のうち、Aトレで選択しなかった残りの3部位をオリジナルの3/7法で同じように鍛える。
- **A'トレ** 全身6部位のうち3部位を山本式3/7法で鍛える。鍛え方は1部位につき2種目(全6種目)×2セット。
- **B'トレ** 全身6部位のうちA'トレで選択しなかった残りの3部位を山本式3/7法で鍛える。鍛え方はA'トレと同じ。
- **休養** トレーニングは休み。食事法だけしっかり実践する。

ケース別プログラム
B

脂肪減からのバルクアップ!
内胚葉型×男性(48)

筋肉がつきやすいが体脂肪もつきやすい内胚葉型は、まずはダイエットで体をしっかりと引き締める。体脂肪を落とした体に分厚い筋肉がのれば、みごとな肉体美が完成する。

典型的ポッチャリ >>>

Bさん(48)

タイプ 内胚葉型

太りやすい体質で食事に注意しているものの、つい食べ過ぎてしまう。健康診断でメタボへの注意を促される。仕事が忙しく、トレーニングは週1回、土曜日しか取り組めないが、脂肪を落とし、健康的なマッチョになりたい。

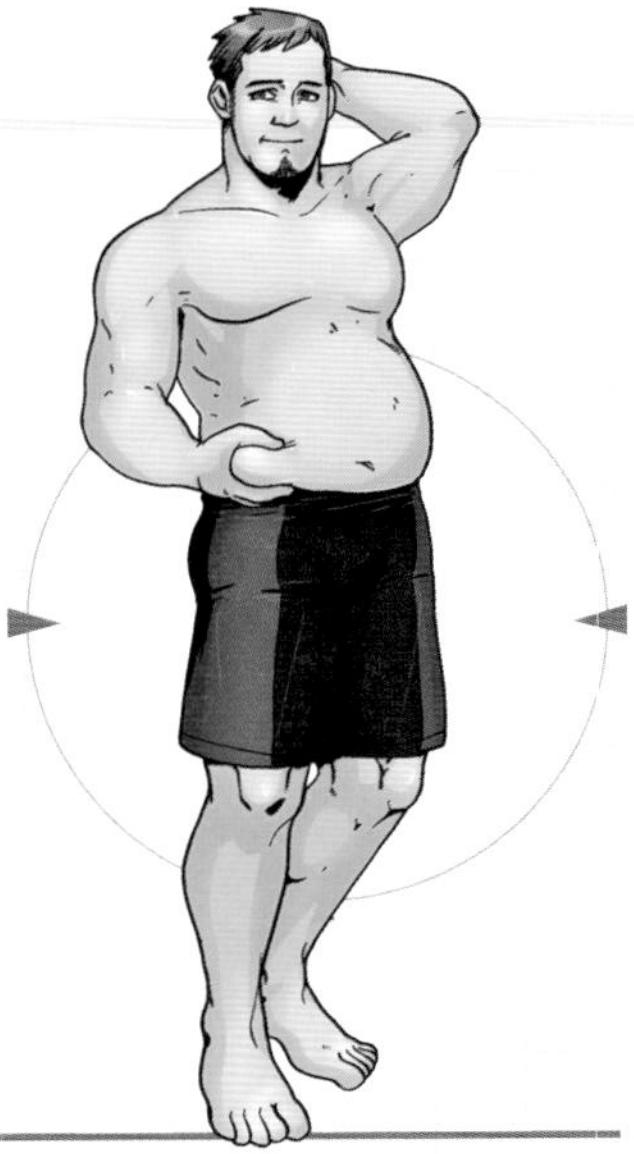

Point

内胚葉型は筋肉がつきやすい一方で、太りやすい傾向があるので、とくに**食事面への注意が必要**である。体脂肪になりやすい油ものや甘いものは控える。

山本式!プログラムの考え方

1~2 週目は

まずはダイエット!

ダイエットを主眼に取り組みやすい「オリジナルの3/7法」から開始。食事に要注意で、油ものを減らし、甘いものも控える。

3~4 週目は

強度を高める

トレーニングに体が慣れてきたところで、1回で行う種目数を各部位につき1種目から2種目、計12種目に。

5~6 週目は

山本式3/7法に移行

引き続き、しっかりと食事に注意しながら、「山本式3/7法」を導入。トレーニングの強度をさらに高め、筋肉の合成を強力に促す。

7~8 週目は

プロテインの頻度アップ

筋肉をつけるため、5~6週目ののトレーニングや食事に加えて、プロテインを飲む頻度を1日に2回から3回に増やす。

8週間プログラム

	月	火	水	木	金	土	食事法
1week	休養	休養	休養	休養	休養	Aトレ	プロテインは1日2回。マルチビタミンは1日3回飲む。食事は油ものを減らして、甘いものも控える。
	プロテイン 1日2回 ビタミン 1日3回						
2week	休養	休養	休養	休養	休養	Aトレ	
	プロテイン 1日2回 ビタミン 1日3回						
3week	休養	休養	休養	休養	休養	Bトレ	1〜2週目と同様。
	プロテイン 1日2回 ビタミン 1日3回						
4week	休養	休養	休養	休養	休養	Bトレ	
	プロテイン 1日2回 ビタミン 1日3回						
5week	休養	休養	休養	休養	休養	Cトレ	油もの、甘いものをさらに控え、消化がゆっくりのデンプン質(ソバ、玄米、イモ類など)を多めに食べる。
	プロテイン 1日2回 ビタミン 1日3回						
6week	休養	休養	休養	休養	休養	Cトレ	
	プロテイン 1日2回 ビタミン 1日3回						
7week	休養	休養	休養	休養	休養	Cトレ	プロテインを飲む頻度を1日2回から3回に増やす。食事は5〜6週目と同様。
	プロテイン・ビタミン 1日3回						
8week	休養	休養	休養	休養	休養	Cトレ	
	プロテイン・ビタミン 1日3回						

※日曜日は完全休養日とする

Aトレ	全身6部位の各部位につき1種目(全6種目)をオリジナルの3/7法で2セットずつ行う。
Bトレ	全身6部位の各部位につき2種目(全12種目)をオリジナルの3/7法で2セットずつ行う。
Cトレ	全身6部位の各部位につき2種目(全12種目)を山本式3/7法で2セットずつ行う。
休養	トレーニングは休み。食事法だけしっかり実践する。

ケース別
プログラム
C

とにかく筋肥大させたい！
中胚葉型×男性(37)

中級者トレーニー >>>

Cさん(37)

タイプ **中胚葉型**

30代の後半になり、仕事に余裕ができて自分の時間を持てるようになった。トレーニングが趣味で、さらなるバルクアップを目指したい。やると決めたら、とことんやるタイプなので、たとえツラくても最高の肉体美を目指す。

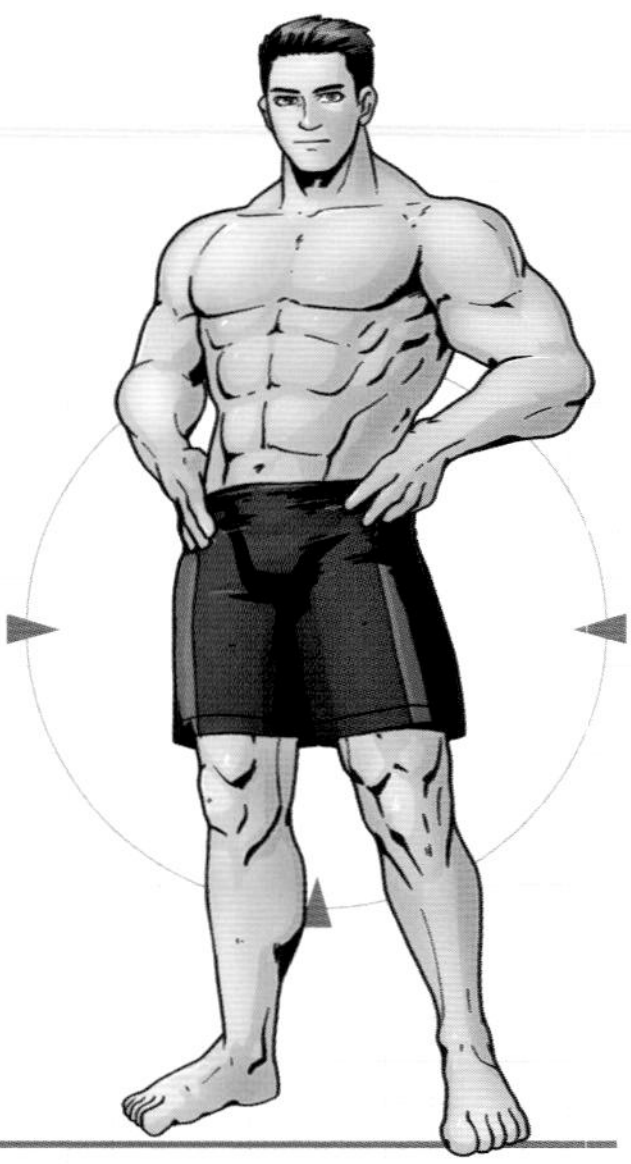

Point

「とにかくバルクアップ」が目的の場合、実施するトレーニングもかなりハードになる。「オリジナルの3/7法」で体が慣れたら、「山本式3/7法」を1日おきに行う。

山本式！プログラムの考え方

1～2 週目は

3/7法に適応する

慣らし運転という意味も込めて、比較的強度の低いオリジナルの3/7法を行う。食事はタンパク質を増やす。

3～4 週目は

頻度を増やす

トレーニングの頻度を週2回から週3回に増やす。筋肉の疲労回復を考慮し、部位を分けて、その日に実施する種目を選ぶ。

5～6 週目は

山本式3/7法開始！

「部位ごとに週3回のトレーニング」という考え方は同じだが、ここで山本式3/7法を開始。トレーニング強度を高める。

7～8 週目は

さらにハードに！

週3回だった「山本式3/7法」のトレーニングを週4回に。種目選びは「胸と背中」「肩と腕」「脚と腹」の3つに分けて考える。

「とにかく筋肉をデカくしたい」という場合は、十分な休養をとりつつ、強度が高い「山本式3／7法」がベストマッチ。最終的には1日おきに行えるようになるのが理想だ。

8週間プログラム

	月	火	水	木	金	土	日	食事法
1week	全身トレ	休養	休養	全身トレ	休養	休養	休養	プロテインは1日2回、マルチビタミンは1日3回摂る。食事はタンパク質を増やす。
	プロテイン 1日2回　ビタミン 1日3回							
2week	休養	全身トレ	休養	休養	全身トレ	休養	休養	
	プロテイン 1日2回　ビタミン 1日3回							
3week	休養	Aトレ	休養	Bトレ	休養	Aトレ	休養	プロテインを1日3回に(マルチビタミンは1日3回のまま)。さらに食事のタンパク質を増やす。
	プロテイン・ビタミン 1日3回							
4week	休養	Bトレ	休養	Aトレ	休養	Bトレ	休養	
	プロテイン・ビタミン 1日3回							
5week	休養	A'トレ	休養	B'トレ	休養	A'トレ	休養	3〜4週目の食事法に加えてトレーニング中にEAAを飲む。
	プロテイン・ビタミン 1日3回							
6week	休養	B'トレ	休養	A'トレ	休養	B'トレ	休養	
	プロテイン・ビタミン 1日3回							
7week	A"トレ	休養	B"トレ	休養	C"トレ	休養	A"トレ	5〜6週目と同様。
	プロテイン・ビタミン 1日3回							
8week	休養	B"トレ	休養	C"トレ	休養	A"トレ	休養	
	プロテイン・ビタミン 1日3回							

全身トレ 全身6部位の各部位につき1種目(全6種目)をオリジナルの3/7法で2セット行う。頻度は月曜と木曜、火曜と金曜のように2〜3日空ける。

Aトレ 全身6部位のうち「胸」あるいは「肩」と「腕」から各2種目(全4種目)選び、オリジナルの3/7法で2セットずつ行う。

Bトレ 全身6部位のうち「脚」あるいは「背中」と「腹」から各2種目(全4種目)選び、オリジナルの3/7法で2セットずつ行う。

A'トレ 全身6部位のうち「胸」あるいは「肩」と「腕」から各2種目(全4種目)選び、山本式3/7法で2セットずつ行う。

B'トレ 全身6部位のうち「脚」あるいは「背中」と「腹」から各2種目(全4種目)選び、山本式3/7法で2セットずつ行う。

A"トレ 全身6部位のうち「胸」と「背中」から各2種目(全4種目)選び、山本式3/7法で2セットずつ行う。

B"トレ 全身6部位のうち「肩」と「腕」から各2種目(全4種目)選び、山本式3/7法で2セットずつ行う。

C"トレ 全身6部位のうち「脚」と「腹」から各2種目(全4種目)選び、山本式3/7法で2セットずつ行う。

休養 トレーニングは休み。食事法だけしっかり実践する。

ケース別
プログラム
—D—

中胚葉型×女性(41)

ボディラインをキープしたい!

なにもしなければ加齢とともに筋肉が落ち、スタイルは崩れていってしまう。若々しいボディラインをキープするためにも、キツめのトレーニングに取り組むべし。

下腹が気になる系 >>>

Dさん(41)

タイプ **中胚葉型**

学生時代は陸上部に所属。社会人になっても体を動かすことを意識していたけれど、40歳を過ぎてスタイルの崩れが気になるように。運動は好きなので、効率よい筋トレでスタイルをキープしたい。

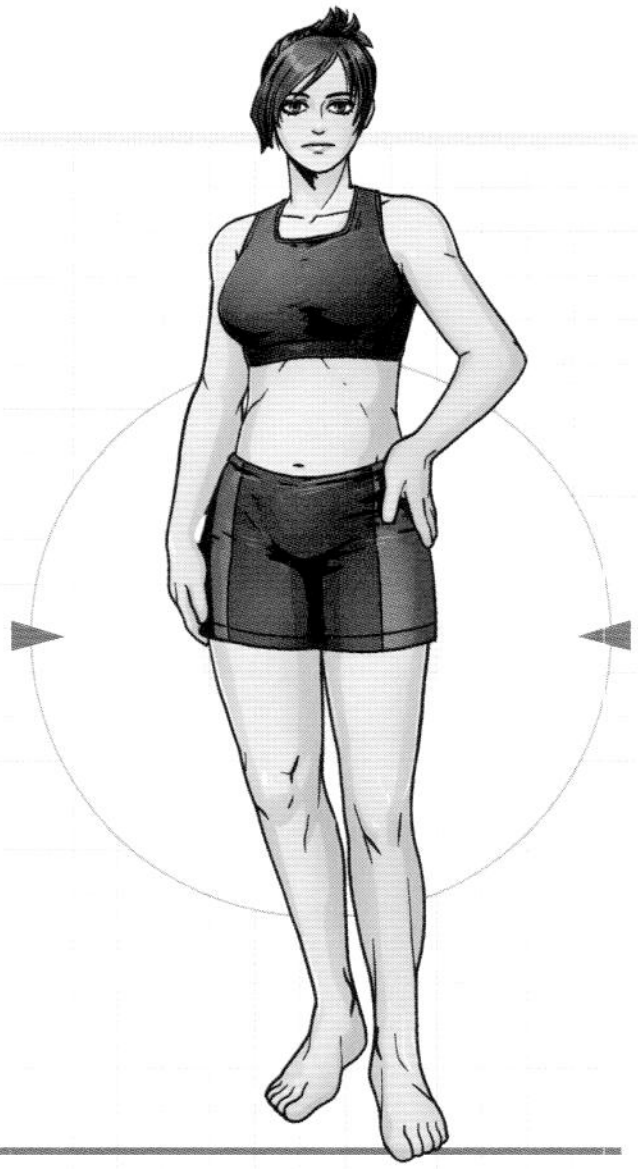

Point

ボディラインをキープする場合は、食事制限に意識が向きがちだが、美筋を目指すならもうひとふんばりしたい。**食事の工夫に加えて「3/7法」を行う**と、最大効率で目標を達成できる。

山本式! プログラムの考え方

1~2週目は

「オリジナル」からスタート

男性同様に女性にも3/7法は有効である。まずはオリジナルから始める。食事は油ものや甘いものは我慢する。

3~4週目は

頻度を増やす

トレーニングに慣れてきたところで、頻度を週3回に増やす。例えば日曜日を除いて中1日で行う。食事は1~2週目と同様。

5~6週目は

「山本式3/7法」の導入

トレーニングの強度を高めるために脚とお腹のトレーニングのみオリジナルの3/7法から山本式に切り替える。種目数も増やす。

7~8週目は

すべてを「山本式」に

頻度や種目数は変えずに、すべてを山本式3/7法で行う。トレーニング中にEAAを飲んで、より強力に筋肉の合成を促す。

8週間プログラム

	月	火	水	木	金	土	食事法
1week	Aトレ	休養	休養	Aトレ	休養	休養	プロテインは1日1回。食事はカロリーの高い油ものと甘いものをできるだけ控える。
	プロテイン 1日1回						
2week	休養	Aトレ	休養	休養	Aトレ	休養	
	プロテイン 1日1回						
3week	休養	Aトレ	休養	Aトレ	休養	Aトレ	1〜2週目と同様。
	プロテイン 1日1回						
4week	Aトレ	休養	Aトレ	休養	Aトレ	休養	
	プロテイン 1日1回						
5week	Bトレ	休養	Bトレ	休養	Bトレ	休養	プロテインを1日2回に増やし、マルチビタミンを1日3回飲む。
	プロテイン 1日2回　ビタミン 1日3回						
6week	休養	Bトレ	休養	Bトレ	休養	Bトレ	
	プロテイン 1日2回　ビタミン 1日3回						
7week	Cトレ	休養	Cトレ	休養	Cトレ	休養	プロテイン、マルチビタミン、普段の食事は5〜6週目と同様。さらにトレーニング中にEAAを飲む。
	プロテイン 1日2回　ビタミン 1日3回						
8week	休養	Cトレ	休養	Cトレ	休養	Cトレ	
	プロテイン 1日2回　ビタミン 1日3回						

※日曜日は完全休養日とする

Aトレ	全身6部位の各部位につき1種目（全6種目）をオリジナルの3/7法で2セットずつ行う。
Bトレ	全身6部位のうち「胸」「背中」「肩」「腕」の各部位につき２種目（計8種目）をオリジナルの3/7法で2セット、「脚」「腹」の各部位につき２種目（計4種目）を山本式3/7法で2セット行う（全12種目行うことになる）。
Cトレ	全身6部位の各部位につき２種目（全12種目）を山本式3/7法で2セットずつ行う。
休養	トレーニングは休み。食事法だけしっかり実践する。

ケース別プログラム

—E—

ずっと動ける体でいたい！ 中胚葉型×男性(61)

山本式3／7法はどの年代にも有効。もちろんシニア世代も筋肉をつけることはできる。無理は禁物だが、トレーニングで筋肉がついた体を維持するのはずっと健康でいるための第一条件だ。

健康&体力重視型 >>>

Eさん(61)

タイプ **中胚葉型**

60歳になり、体力の衰えを感じることが多くなった。ちょっとした段差でつまずくこともあり、外出が億劫に。もっと人生を楽しみたいので、筋肉をつけて軽いフットワークを取り戻したい。せっかくなので、人生最高の肉体美を目指して……。

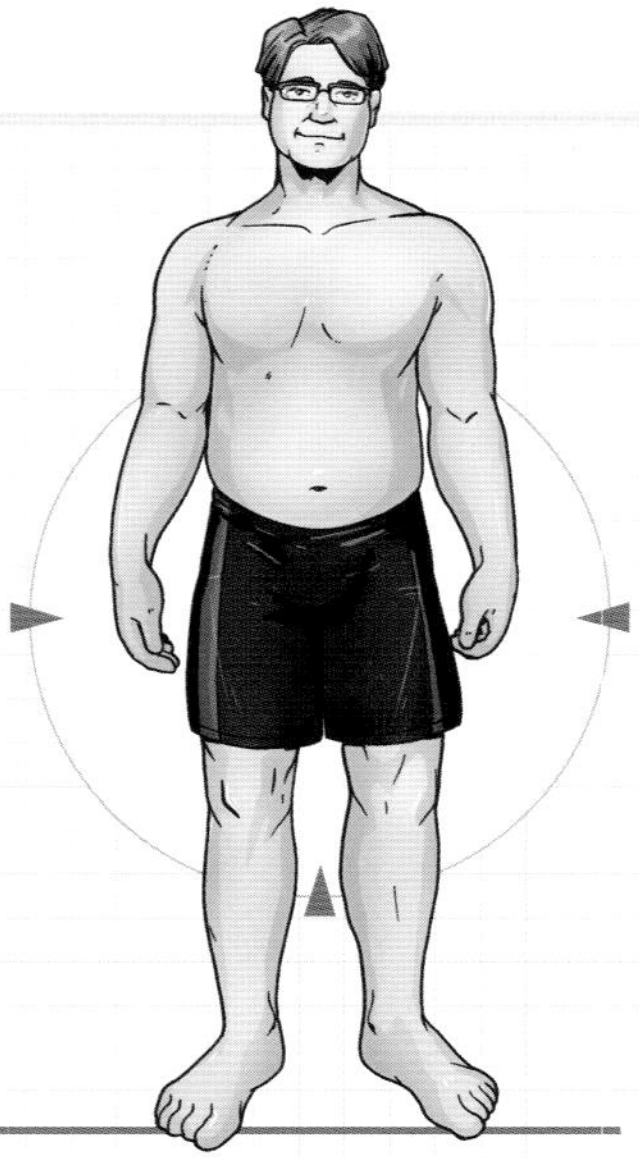

Point

まずは加齢とともに落ちてしまった体力をトレーニングで取り戻す。ウォーキングも取り入れる。慣れたところでケガをしないように注意しつつ、「山本式3/7法」で筋肉をつける。

山本式！プログラムの考え方

1~2 週目は

週2回からスタート

オリジナルの3/7法からトレーニングをスタートする。トレーニングは週2回行い、休養をしっかりとる。

3~4 週目は

ウォーキングを追加！

週2回のトレーニングを継続しつつ、週1回トレーニングを実施しない日にウォーキングを行う。ウォーキングは大股で20分行う。

5~6 週目は

山本式も取り入れる

2セットのうち、1セット目は「オリジナル」、2セット目は「山本式」で3/7法を行う。ウォーキングは週2回に増やす。

7~8 週目は

すべてを山本式に！

トレーニングをすべて「山本式3/7法」で行い、強度を高める。ウォーキングは週2回から週3回に増やす。

8週間プログラム

	月	火	水	木	金	土	食事法
1week	休養	Aトレ	休養	休養	Aトレ	休養	プロテインは1日1回。食事は糖質を減らし、甘いものを控える（以降も同様）。
	プロテイン 1日1回						
2week	休養	Aトレ	休養	休養	Aトレ	休養	
	プロテイン 1日1回						
3week	休養	Aトレ	休養	walk	休養	Aトレ	1日1回のプロテインに加えて、マルチビタミンを1日3回飲む。
	プロテイン 1日1回　ビタミン 1日3回						
4week	休養	Aトレ	休養	walk	休養	Aトレ	
	プロテイン 1日1回　ビタミン 1日3回						
5week	walk	Bトレ	休養	walk	Bトレ	休養	プロテインは1日2回に増やす。マルチビタミンは1日3回をキープ。
	プロテイン 1日2回　ビタミン 1日3回						
6week	walk	Bトレ	休養	walk	Bトレ	休養	
	プロテイン 1日2回　ビタミン 1日3回						
7week	walk	Cトレ	休養	walk	Cトレ	walk	プロテイン、マルチビタミンは5〜6週目と同様。さらにトレーニング中にEAAを飲む。
	プロテイン・ビタミン 1日3回						
8week	walk	Cトレ	休養	walk	Cトレ	walk	
	プロテイン・ビタミン 1日3回						

※日曜日は完全休養日とする

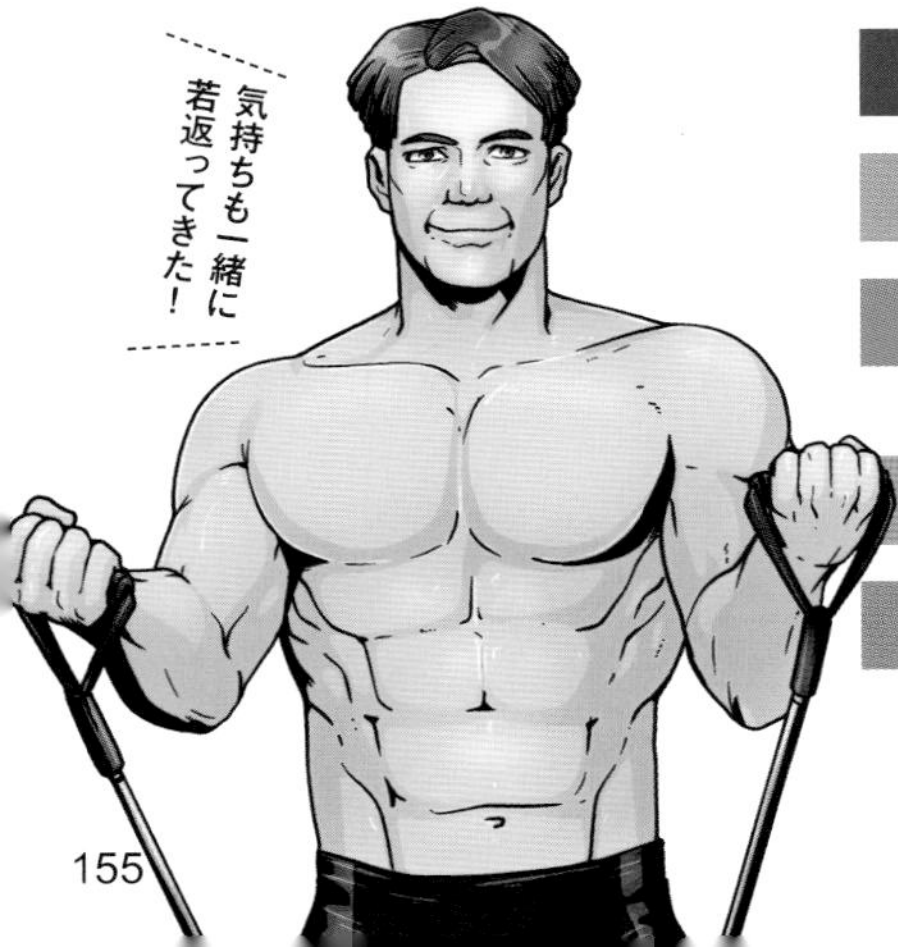

Aトレ	全身6部位の各部位につき1種目（全6種目）をオリジナルの3/7法で2セットずつ行う。
walk	大股でのウォーキングを20分行う。
Bトレ	全身6部位の各部位につき1種目（全6種目）を2セットずつ行う。1セット目はオリジナルの3/7法、2セット目は山本式3/7法で実施する。
Cトレ	全身6部位の各部位につき1種目（全6種目）を山本式3/7法で2セットずつ行う。
休養	トレーニングは休み。食事法だけしっかり実践する。

おわりに

本書をお読みいただき、ありがとうございます。

21世紀を迎えたころからウエイトトレーニングが一般の方にも広まり、多くの人がボディビルやフィジークの競技に挑戦するようになりました。

しかし、「トレーニングは、やればやるほど良い」とか「自重ではダメ、ジムに行ってトレーニングしなければ、本当の筋肉はつかない」といった間違った認識も、いまだに残っているようです。

この書ではトレーニーの間に残っている古い常識を打ち破り、科学の光を当てた正しいトレーニング情報を皆さまにお伝えすることを目指しました。

効果的なトレーニングメソッドである「山本式3／7法」を紹介するだけでなく、適切なトレーニングの量や強度、そして栄養摂取の方法などについても詳しく解説してあります。

ぜひ、最新の知識を身につけ、最短距離での肉体改造を実現してください。「山本式3／7法」がその一助になれば幸いです。

VALX

特別付録 トレーニングノート

日付／	月	日(　)	実施時間／	時間	分	場所／
1	種目		使用負荷		回数	
2	種目		使用負荷		回数	
3	種目		使用負荷		回数	
4	種目		使用負荷		回数	
5	種目		使用負荷		回数	
6	種目		使用負荷		回数	
7	種目		使用負荷		回数	
8	種目		使用負荷		回数	
9	種目		使用負荷		回数	
10	種目		使用負荷		回数	
11	種目		使用負荷		回数	
12	種目		使用負荷		回数	

日付／	月	日(　)	実施時間／	時間	分	場所／
1	種目		使用負荷		回数	
2	種目		使用負荷		回数	
3	種目		使用負荷		回数	
4	種目		使用負荷		回数	
5	種目		使用負荷		回数	
6	種目		使用負荷		回数	
7	種目		使用負荷		回数	
8	種目		使用負荷		回数	
9	種目		使用負荷		回数	
10	種目		使用負荷		回数	
11	種目		使用負荷		回数	
12	種目		使用負荷		回数	

日付／	月	日(　)	実施時間／	時間	分	場所／
1	種目		使用負荷		回数	
2	種目		使用負荷		回数	
3	種目		使用負荷		回数	
4	種目		使用負荷		回数	
5	種目		使用負荷		回数	
6	種目		使用負荷		回数	
7	種目		使用負荷		回数	
8	種目		使用負荷		回数	
9	種目		使用負荷		回数	
10	種目		使用負荷		回数	
11	種目		使用負荷		回数	
12	種目		使用負荷		回数	

日々のトレーニング内容を記すノートとしてコピーしてご利用ください。

日付／　月　日（　）　実施時間／　時間　分　場所／						
1	種目		使用負荷		回数	
2	種目		使用負荷		回数	
3	種目		使用負荷		回数	
4	種目		使用負荷		回数	
5	種目		使用負荷		回数	
6	種目		使用負荷		回数	
7	種目		使用負荷		回数	
8	種目		使用負荷		回数	
9	種目		使用負荷		回数	
10	種目		使用負荷		回数	
11	種目		使用負荷		回数	
12	種目		使用負荷		回数	

日付／　月　日（　）　実施時間／　時間　分　場所／						
1	種目		使用負荷		回数	
2	種目		使用負荷		回数	
3	種目		使用負荷		回数	
4	種目		使用負荷		回数	
5	種目		使用負荷		回数	
6	種目		使用負荷		回数	
7	種目		使用負荷		回数	
8	種目		使用負荷		回数	
9	種目		使用負荷		回数	
10	種目		使用負荷		回数	
11	種目		使用負荷		回数	
12	種目		使用負荷		回数	

日付／　月　日（　）　実施時間／　時間　分　場所／						
1	種目		使用負荷		回数	
2	種目		使用負荷		回数	
3	種目		使用負荷		回数	
4	種目		使用負荷		回数	
5	種目		使用負荷		回数	
6	種目		使用負荷		回数	
7	種目		使用負荷		回数	
8	種目		使用負荷		回数	
9	種目		使用負荷		回数	
10	種目		使用負荷		回数	
11	種目		使用負荷		回数	
12	種目		使用負荷		回数	

［著者］
山本義徳
（やまもと よしのり）

1969年3月25日生まれ。ボディビルダー、トレーニング指導者。早稲田大学政治経済学部卒業後、ボディビルダーとして国内外の大会で活躍、優勝経験も多数。その後、アスレティック・トレーナーとして、メジャーリーガーのダルビッシュ有、松坂大輔、格闘家ではニコラス・ペタス、フランシスコ・フィリオなど、多くのクライアントのトレーニングおよび栄養指導を担当。また、一般社団法人 パーソナルトレーナー協会理事として後進の育成にも力を入れている。著書に『最高の健康 科学的に衰えない体をつくる』（KADOKAWA）ほか多数。2019年4月よりYouTubeチャンネル「山本義徳 筋トレ大学」を開設、登録者数は38万人（2021年5月現在）を超える。

［モデル］
竹迫真嗣
（たけさこ まさつぐ）

YouTubeチャンネル「山本義徳 筋トレ大学」のアシスタントモデルとして活躍中。VALXトレーナー養成スクール・メンターも務める。

STAFF

撮影	蔦野 裕
イラスト	平林知子
CG制作	BACKBONEWORKS
本文デザイン	加賀見祥子
DTP	高 八重子
構成協力	小林英史（編集工房 水夢）
編集協力	滝本茂浩（ケイ・ライターズクラブ）
制作協力	星野瑛司、諏訪 舞、猿川哲朗（レバレッジ）

「世界一キツい」から筋肉がデカくなる！
山本式3/7法

2021年 6 月10日　第1刷発行
2022年 9 月10日　第4刷発行

著　者	山本義徳
発行者	永岡純一
発行所	株式会社永岡書店
	〒176-8518　東京都練馬区豊玉上1-7-14
	☎ 03（3992）5155（代表）
	☎ 03（3992）7191（編集）
印刷	誠宏印刷
製本	ヤマナカ製本

ISBN978-4-522-43886-2 C0075
乱丁本、落丁本はお取り替え致します。